# 留学生学成语

张瑞朋　主编

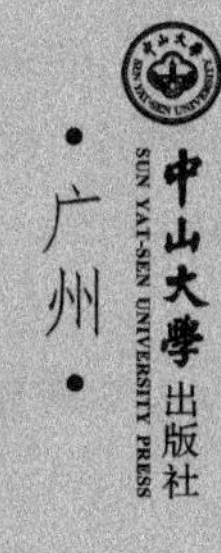


中山大學出版社
·广州·

**图书在版编目（CIP）数据**

留学生学成语 / 张瑞朋主编. -- 广州：中山大学出版社，2024. 7. -- ISBN 978-7-306-08138-4

Ⅰ. H195.4

中国国家版本馆CIP数据核字第2024HE1539号

**出 版 人：王天琪**
策划编辑：陈晓阳
责任编辑：陈晓阳
封面设计：林绵华
责任校对：王凌丹
责任技编：靳晓虹
出版发行：中山大学出版社
电　　话：编辑部　020-84110283，84111996，84111997，84113349
　　　　　发行部　020-84111998，84111981，84111160
地　　址：广州市新港西路135号
邮　　编：510275　　　　传　真：020-84036565
网　　址：http：//www.zsup.com.cn　　　E-mail：zdcbs@mail.sysu.edu.cn
印 刷 者：广东虎彩云印刷有限公司
规　　格：787mm × 1092mm　1/16　　13印张　　152千字
版次印次：2024年7月第1版　　2024年7月第1次印刷
定　　价：45.00元

# 序　言

北京语言大学　别红樱

认真读完张瑞朋老师编写的这本成语教材，内心是非常激动的。作为在汉语国际教育讲台上长期耕耘的教师，我承担过各等级汉语学习者的教学任务，成语教学虽然接触得不多，但也一直关注，并且也非常强调成语教学的重要性。我之前曾经利用成语故事读本、成语故事视频等多模态教学手段，试图引起学习者对成语学习的兴趣，但效果不佳。主要问题在于故事过于零散、系统性不强、缺少巩固性练习，导致学生学完就忘，等等。因而，我认为张瑞朋老师编写的这套成语教材具有非常强的实用性，作为汉语国际教育教材，特征十分突出，主要包括以下四个方面的特点。

一是专业性和针对性强。这里所谓的专业性，不是说它的理论性有多么强，而是用于汉语国际教育领域的专业性。一本好的汉语国际教育教材，应当是为教师和学习者服务的，“有用”“好用”就是专业性的体现。而针对性，指的是这本书专门用于成语教学，与一般综合性的汉语国际教育教材不同。正如编者所说，“本书的使用对象主要是有一定汉语基础的汉语第二语言学习者”。这就是针对性的重要体现。

二是充分考虑到成语学习者的汉语水平，语言生动有趣，难度适中。之前我在教学中用到的成语故事，主要讲述对象是以汉语为母语的幼儿或小学生，选用词汇、表述方式等在难度方面没有考虑到二语学习者的特殊性。因为这本教材的编写者是汉语教师和语言学专业研究生，语言功底深厚，所以本书的语言风格既通俗易懂，又风趣活泼。例如，“好大一片禾苗，一棵一棵地拔真是费了不少力气”，读起来让人忍俊不禁。

三是在成语的选择上花了大功夫。所选的40个成语基本上都是中国人耳熟能详的成语故事，而且其中大部分作为典故经常在各种场合被引用，使用频率高。

四是在细节方面，可以说做到匠心独运、精心设计。①作者考虑到读者的学习需求，生词释义采用英释汉、汉释汉形式，解释简洁易懂。②例句准确，典型性、代表性强，有助于读者根据例句快速理解成语的不同用法。③与以往的汉语国际教育教材不同，本书在例句之后增加了“句法功能”模块，用简练的术语描述该成语的主要用法，凸显了显性语法教学理念，对于汉语母语使用者和高水平的汉语学习者具有较高的参考价值。④课文理解性操练形式丰富有趣，除了常见的填空之外，复述故事属于半开放式操练，而根据故事进行想象训练，就属于趣味性、创新性非常强的开放式操练了。这种操练形式一方面能够培养学习者的口语技能，另一方面能够充分发挥他们的想象力和创造力，这在以往的成语学习教材中是不多见的。⑤巩固性练习设计方面也花费了不少心思。正如作者所说的“尽量追求练习题的难度逐步递增”，我想他们是做到了。“改写句子”为学习者进一步巩固成语句法功能、掌握用法提供了可操作性较强的训练，而“补充句子”则有利于训练学习者利用语境进行语言输出。这两种练习能够确保学习者全面准确地掌握成语的用法。⑥单元复习题和总复习题的设计很有特点，既有语言学习训练，又富有文化内涵，尤其是单元复习题中的“从下列格子中找出成语”，让人想起《中国诗词大会》中的从9宫格或12宫格中找诗句；而总复习中的“将下列成语与成语故事相关的人物连线”，则能进一步加深学习者对成语故事和历史人物之间联系的印象，既练习了成语运用，又学习了历史，增强了对中华传统文化的理解。

总的来说，张瑞朋老师和她的团队在这本成语教材的编写过程中，花了不少心思，这本教材也可以说是张老师多年教学经验的积累，是教学心血的结晶。我非常期待本书早日问世，让更多的读者能够有机会通过这本经典的成语教科书，实现快速提高汉语水平的愿望。

2024年5月于海南

# 编者前言

成语是中国历代人民集体智慧的结晶，是中国传统文化的瑰宝。成语有自己的特点。意义整体性：成语的意义往往并非其构成成分意义的简单相加，而是在其构成成分的意义的基础上进一步概括出来的整体意义，有时用的是比喻义。如“狐假虎威”，表面意义是“狐狸假借老虎的威势”，实际含义是“依仗别人权势去欺压人”。结构固定性：成语的构成成分和结构形式都是固定的，不能任意变动词序或更换、增减其中的成分。如“任重道远”不能变更为“道远任重”“任重路远”“任重又道远”。成语大多是四字，也有三字、五字甚至七字以上。风格典雅性：成语通常来自古代文献典故，所以有相当部分的成语有与其相关的寓言故事或历史故事。其语体风格庄重、典雅，常常用于书面语。

鉴于成语的这些特点，成语学习有其特殊性和针对性。2020—2022年每年成语课，我们都会对外国留学生的成语学习情况进行调查了解。根据调查结果，学生对成语学习很感兴趣，但又觉得成语很难学。觉得成语难学的主要原因是，对成语的意义和句法功能难以掌握。成语意义难以掌握，主要是由于成语意义具有整体性。在使用中，人们经常用的是成语的比喻义。如果只从字面去了解，不理解成语的比喻义，就会用错。调查还显示，如果这个成语有故事，那么了解故事对于学生们理解成语意义很有帮助。因此，本书专门选择了有成语故事，又比较常用的40个成语。在解释清楚成语的基础意义和比喻意义的同时，注重对成语中各语素意义的解释。成语的使用有其固定的句法功能。比如，有的成语在句中只能用作谓语，但学生不了解，用作了定语，就会出错。因此，本书在编写时注重对成语常用句法功能的交代，在例句选择和练习编排时，尽量展现常用的几种句法功能。

本书每课的编排体例是：成语故事、生词、成语释义、例句、句法功能、课文理解、练习。生词附有英文翻译。课文理解有助于学生掌握成语故事。例句和练习题情景均选自大规模汉语母语语料库，更符合日常使用情景；笔者在编制时对句子难度进行适当改写，以尽量适合学生水平。在编排练习时，尽量使学生在合适的场景中学会使用和输出成语，因此更注重成语的应用练习。同时，本书在编写练习时，尽量追求练习题的难度逐步递增，从改写句子到补充句子，再到输出句子；从了解成语使用语境到在情境中运用成语，再到最后自己输出成语，让学生阶梯式学会成语运用。本书内容根据笔者这几年的课堂讲义改编而成，由于个人水平所限，书中有许多不完善之处，敬请方家斧正。

本书以习近平新时代中国特色社会主义思想为指导，旨在弘扬中国成语文化，讲好中国故事，帮助留学生学会如何正确使用成语。本书的使用对象主要是有一定汉语基础的汉语第二语言学习者，也可供对成语学习感兴趣的母语学习者使用。成语故事主要根据历史典故或流传故事进行改编，书中插图根据成语故事内容进行绘制，插图主要起提示成语故事内容的作用，如有差错，敬请指正。

本书编写分工：张瑞朋负责布局规划、板块设计、主要内容统筹、各部分内容编写和修改；张瑞朋、冯贤、韩璐负责成语故事、生词、例句和练习题的编制；廖许愿、谢滢负责单元复习题和总复习题的编制；韩璐负责英文翻译。

# 目录

# 第一课　拔苗助长

## 一、成语故事

古时候，宋国有一个农民，他总是觉得田里的庄稼长得太慢，今天去瞧瞧，明天去看看，觉得禾苗好像总没有长高。他心想：有什么办法能让它们长得快些呢？

有一天，他终于想出了一个主意。于是他来到田里，把禾苗一棵一棵地往上拔。好大一片禾苗，一棵一棵地拔真是费了不少力气。等拔完了禾苗，他已经累得筋疲力尽了。可他心里却很高兴，回到家里还夸口说："今天可把我累坏了，我帮助禾苗长高了好多！"

他儿子听了赶忙跑到田里去看，发现田里的禾苗已经全都枯死了。

宋国 sòng guó：中国古代春秋战国时期的一个诸侯国。

## 二、生词

1. **筋疲力尽** jīn pí lì jìn（成语）be tired out

筋肉疲劳，力气用完。形容非常累。也作“精疲力尽”。

例句：干了一天活，他筋疲力尽。

2. **夸口** kuā kǒu（动词）brag

自己夸自己，说大话。

例句：他夸口说要考100分，结果只得了80分。

## 三、成语释义

拔苗助长 bá miáo zhù zhǎng：本义是把禾苗拔起一点儿，来帮助它成长。比喻违反自然发展的客观规律，急于求成，反而把事情弄糟。一般含贬义。也写作“揠（yà）苗助长”。

## 四、例句

1. 孩子还没有学会走路，你就要求他学会跑，这不是**拔苗助长**吗？最后可能孩子不仅不会跑步，连路都走不好了。

2. 孩子才五岁，你就给她报了这么多补习班，她周末完全没有休息时间了，你这不是在**拔苗助长**吗？

3. 我们在学习的时候必须慢慢来，不能着急，否则就可能会犯**拔苗助长**的错误，学习效果反而会变差。

## 五、句法功能

“拔苗助长”在句子中一般用作谓语，可作“像”“是”的宾语，也可作定语。

## 六、课文理解

（一）课文填空。

1. 宋国有个农民，他总觉得田里的庄稼______________。
2. 他来到田里，把禾苗一棵一棵地__________________。
3. 他儿子跑到田里去看，发现______________________。

（二）复述课文，用上下列词语。

觉得　　慢　　拔　　筋疲力尽　　夸口　　枯死

（三）想一想，当这个农民“拔苗助长”之后，接下来又会发生什么故事？

## 七、练习

（一）用“拔苗助长”改写句子。

1. 有许多家长给孩子报了各种技能班，所以孩子们放学后都没有自己的活动时间，这样做不但不会让孩子学到更多，还影响了孩子的成长。

2. 练书法的时候，只有把楷书基础打好了，行书和草书才能写好，否则直接练行书和草书，最后哪一种书法都练不好。

3. 我们学习的时候一定要循序渐进，不能着急，如果只求速度不求质量，看起来好像学习了很多内容，但实际上没有学会多少。

4. 有的家长望子成龙心切，因而提出了不符合孩子实际水平的高要求，这就是违反自然规律的表现。

5. 在教学方面，我们要根据学生学习的规律慢慢来，避免使用那些急于求成的教法。

（二）用“拔苗助长”补充句子。

1. 父母永远不要剥夺孩子玩耍、游戏的权利，不要过早逼着孩子学英语、背唐诗等，过多的补习班和沉重的学习压力……

2. 选择班级一定要根据孩子的实际水平，千万不能只选水平高的，不选合适的，不然孩子不仅可能听不懂上课的内容，还可能永远失去学习的信心……

3. 这个孩子才六岁，对他的运动训练要遵循规律，不能超过年龄要求，否则……

4. 有许多家长给孩子报了各种技能班，想让孩子很快掌握多项技能。这种不顾年龄特点……

5. 老师如果不根据学生真正水平进行教学，总是提高要求，就会……

（三）你遇到过“拔苗助长”的事情吗？用“拔苗助长”这个成语来说一说当时的情况。

# 第二课　守株待兔

## 一、成语故事

宋国有个农夫正在地里耕田。突然，他看见有一只野兔从旁边的草丛里慌慌张张地跑出来，一头撞在田边的树根上，死了。农夫高兴极了，他一点儿力气也没花，就捡了一只又肥又大的野兔。

于是，他放下耕地用的农具，再也不种地了，每天守在树根旁边，期待还有野兔撞到上面来。过了一段时间，农夫不但没再等到兔子，而且连原来的田地也荒芜了。

## 二、生词

1. **慌慌张张** huānghuāng zhāngzhāng（成语）chaotic and twirly

形容行动举止匆忙，不稳重。

例句：你慌慌张张地跑什么呢？把椅子都碰倒了。

2. **撞** zhuàng（动词）rush; collide, bump against; come across

猛冲，闯进去；东西猛地相碰；偶然遇到。

例句：一辆汽车撞了行人，周围围满了警察。

3. **荒芜** huāng wú（形容词）(land) lie waste

土地因没有人管理，长出了很多杂草。

例句：这块农田已经荒芜很久了。

## 三、成语释义

守株待兔 shǒu zhū dài tù：守，守候；株，露在地面上的树根或树干；待，等。比喻希望不经过努力而得到成功的侥幸心理。一般用作贬义。

## 四、例句

1. 中彩票发财的概率太小了，总是**守株待兔**，等着中奖，肯定没办法过上好日子。

2. 银行改变了过去“**守株待兔**”的做法，从坐等经营转变为主动发展，在小区建立起6个办事点，给用户带来了很大的便利。

3. **守株待兔**是没用的，小偷不会自己来。我们只有赶紧行动，找警察帮忙，才能找到那个小偷，拿回被偷的钱包。

## 五、句法功能

“守株待兔”一般用作谓语，也可作定语。

## 六、课文理解

（一）课文填空。

1．农夫高兴极了，因为他________________________。

2．他放下耕地用的工具，每天____________________。

3．后来，他不但没有再等到兔子，而且______________。

（二）复述课文，用上下列词语。

耕田　　慌慌张张　　撞　　捡　　又肥又大　　守在
期待　　荒芜

## 七、练习

（一）用“守株待兔”改写句子。

1．老王知道只有不断努力，公司才能有长远的发展。他从来没有坐等机会自己找上门，而是努力追求创新与进步，带领着他的公司又一次走向辉煌。

2．小刚上次考试偶然考到了90分，他就开始不认真听讲，觉得下次考试肯定也能考出好成绩，最后连及格分都没达到。

3．作为管理公共事务的政府，不能坐在那里等有人投诉了才来处理问题，而应主动管理社会事务，主动发现问题。

4．我们要积极创造机会达到成功，而不是坐着等待好运降临。

（二）用“守株待兔”补充句子。

1．敌人特别狡猾，这几条路都可能会走，我们如果不主动出击……

2．如果不付出努力……最后只会一事无成。

3．小强在超市买东西抽奖，抽到了2000元的充值卡……最后把自己的积蓄都花光了。

4．小红在面对婚姻时很消极，她总是等着好男人来关心她……

（三）你或你身边的人有没有做过“守株待兔”的事情？用“守株待兔”这个成语来说一说当时的情况。

# 第三课　掩耳盗铃

## 一、成语故事

古时候，有个人看见一户人家院子里挂着一个大钟，形状和图案都很精美，就想把这个大钟偷走。可是钟又大又重，怎么也背不动。因此，他准备用大锤把钟敲碎再拿走。

哪知锤子刚一碰到大钟，大钟就发出巨大的响声，把他吓了一大跳。他心想：这下糟了，这钟声不就等于告诉人们我正在这里偷钟吗？

他越听越害怕，连忙捂住自己的耳朵。“咦，钟声变小了，听不见了！”小偷高兴得跳起来，“太好了！把耳朵捂住不就听不见钟声了吗？”

他立刻找来两个布团，把耳朵塞住，心想，这

下谁也听不见钟声了。于是就放手砸起钟来，一下又一下，钟声响亮地传到很远的地方。人们听到钟声跑过来把小偷捉住了。

## 二、生词

1．**锤** chuí（名词；动词）hammer; mallet

锤子；用锤子砸。

例句：他用石头做了一个大锤子。

2．**糟** zāo（动词）in a wretched (terrible) state, in a mess

坏了，情况变坏；破坏。

例句：今年他没有好好学习，怪不得成绩越来越糟。

3．**捂** wǔ（动词）cover; muffle; wrap up

严密地盖住或者封住。

例句：快捂住耳朵，这噪音太大了。

## 三、成语释义

掩耳盗铃 yǎn ěr dào líng：掩，捂住；耳，耳朵；盗，偷；铃，铃铛。偷铃铛怕别人听见而捂住自己的耳朵。比喻自己欺骗自己，明明掩盖不住的事情偏要想办法掩盖。一般用作贬义。

## 四、例句

1．不要以为装作什么都没有发生，就可以掩盖你所做的坏事，其实只不过是**掩耳盗铃**，自己骗自己。

2．一个人如果为了保全面子，做错了任何事都不允许别人

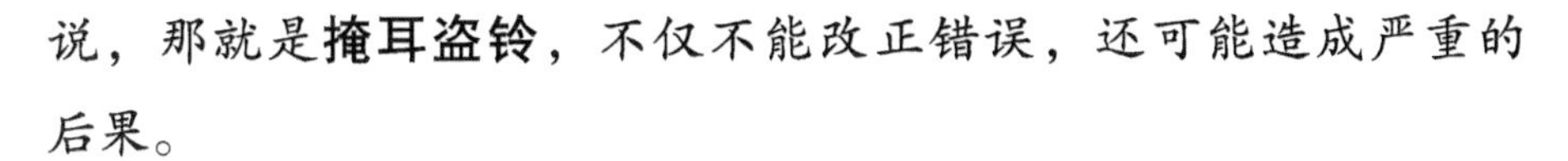
说，那就是**掩耳盗铃**，不仅不能改正错误，还可能造成严重的后果。

3. 有人为了消除装修过程中发出的难闻味道，就在屋子里点了一些蜡烛，但这种**掩耳盗铃**的做法不行，并不能消除有毒气体，还得靠科学方法除味。

## 五、句法功能

“掩耳盗铃”在句子中一般用作谓语，也可用作定语、状语。

## 六、课文理解

（一）课文填空。

1. 因为______________，小偷就想把这个大钟偷走。
2. 小偷听到钟声非常害怕，于是他______________。
3. 人们听到______________，抓住了小偷。

（二）复述课文，用上下列词语。

大钟　精美　偷走　又大又重　敲碎　响声

糟了　害怕　捂住　塞住　砸　传到　捉住

## 七、练习

（一）用“掩耳盗铃”改写句子。

1. 事情发生了就是发生了，这里的每一个人心里都明白，你还在这里乱找借口，胡编乱造，除了能骗过你自己，谁也骗不了。

2. 每个人都应该正视自己的缺点，也要正视别人提出的善意的建议。有缺点及时听从建议，认真改正就好了，最怕自己身上有问题却还不允许别人议论，难道别人不说，问题就不存在了吗？

3. 他说的这些话，都是为了转移大家的视线，为自己犯错找借口。现在证据已经摆在大家面前了，无论他说什么都不过是自我欺骗。

4. 你上课时低着头偷偷看手机，以为老师看不到，其实老师早知道了。

（二）用“掩耳盗铃”补充句子。

1. 学习时态度一定要诚恳，会就是会，不会就是不会，明明不会却要装会……

2. 一些人认为心理问题算不上“疾病”，不需要就医。有的人甚至觉得只要不去看医生就意味着自己没有生病……

3. 这个作家在评论区删掉对她不利的言论，只留下好的评论……

4. 这些缺点，你要面对……不准别人说难道就不存在吗？

（三）你遇到过“掩耳盗铃”的事情吗？用“掩耳盗铃”这个成语说一说当时的情况。

# 第四课　画蛇添足

## 一、成语故事

古时候，楚国有个官员，准备将一壶酒赏给下人喝。可下人实在太多，这一壶酒到底怎么分呢？这时，有人建议每个人在地上画一条蛇，谁画得快又画得好，这壶酒就归谁。大家都同意了。

有个人最先画好，他就左手端起酒壶，右手继续画，还洋洋得意地说："我还能给蛇再画几只脚。"他还没有画完，另一个人的蛇已经画好了，抢过他的酒壶，说："蛇本来就没有脚，你怎么能给它画上脚呢？"说完就把酒喝下去了。

那个给蛇画脚的人看着酒被别人拿走，后悔不已。

专名

楚国 chǔ guó：中国古代春秋战国时期的一个诸侯国。

## 二、生词

1. **赏** shǎng（动词）grant, award

   奖励，赐予。

   例句：国王赏了将军无数的奇珍异宝。

2. **酒壶** jiǔ hú（名词）wine pot; flagon

   装酒的器具。

   例句：他捧着酒壶喝了一大口酒。

3. **抢** qiǎng（动词）rob; grab, snatch

   把不属于自己的东西夺过来。

   例句：两个孩子因为抢玩具而打起来了。

## 三、成语释义

画蛇添足 huà shé tiān zú：添，添加；足，脚。在已经画好的蛇上又添上脚。比喻多此一举，反而出错。多用于贬义。

## 四、例句

1. 你已经把你的想法说得很清楚了，再多说就是**画蛇添足**了。

2. 这个剧本已经写得很好了，再增加其他细节，只会**画蛇添足**，让剧本的内容过于复杂。

3. 小王向老板汇报完工作计划后，又说了很多夸张的数据。经他**画蛇添足**地描述后，老板就不再相信小王了。

## 五、句法功能

“画蛇添足”在句子中一般用作谓语，也可以用作宾语、定语。

## 六、课文理解

（一）课文填空。

1. 谁画得＿＿＿＿＿＿＿＿＿＿，美酒就归谁。
2. 因为他想＿＿＿＿＿＿＿＿，所以给蛇画了脚。
3. 另外一个画好的人，马上＿＿＿＿＿＿＿＿＿。

（二）复述课文，用上下列词语。

楚国　　一壶酒　　可是　　建议　　画蛇　　端起
抢过　　本来　　后悔不已

（三）请你想象故事最后“画蛇添足”之人的反应。

## 七、练习

（一）用“画蛇添足”改写句子。

1. 灯具的颜色和样式，必须与家里的装修风格保持一致。特别漂亮但是不实用的灯饰不仅不会让家里的装饰更好看，还会让人觉得很奇怪。

2. 同学们都说我原来的想法不错，没有必要添加多余的内容。

3. 别再给圣诞蛋糕加装饰品了，那是没有必要的，再增加就是多余的了。

4. 事情已处理妥当，不需要我再多做什么了。

5. 说话做事要适可而止，不要说多余的话，做多余的事，否则会起反作用。

（二）用“画蛇添足”补充句子。

1. 安慰别人需要恰到好处。过多提起别人的伤心事……

2. 自然景观和人工造景给人的感觉完全不一样。在大自然景色中加入过多的人工造景……

3. 小刚前面的演讲很成功，但是他在结尾说了一个笑话。这个笑话与主题无关……

4. 这篇作文本来已经写完了，你怎么又加上最后一段话……

5. 这本来明明是件好事……

（三）讲一件你身边发生过的“画蛇添足”的事情，用上“画蛇添足”这个成语。

# 第五课　亡羊补牢

## 一、成语故事

从前，有个人养了一群羊。一天早上，他准备出去放羊，发现少了一只。原来羊圈有个窟窿，夜里狼从窟窿钻进来，把羊叼走了。

邻居劝告他说："赶快把羊圈修一修，堵上那个窟窿吧！"这人却说："羊都丢了，还修羊圈做什么呢？"第二天早上，他又去放羊，到羊圈里一看，发现又少了一只羊。原来，狼又从窟窿里钻进来，把羊叼走了。

这人很后悔没听邻居的话，赶紧动手把羊圈上的洞补好了。从此，他的羊再也没有丢过。

## 二、生词

1. **羊圈** yáng juàn（名词）sheepfold

   饲养羊的地方，大多是围栏。

   例句：一定要把羊带回羊圈。

2. **窟窿** kū long（名词）hole; cave

   孔，洞。

   例句：他的鞋破了一个窟窿。

3. **叼** diāo（动词）hold in the mouth

   用嘴夹住。

   例句：这只鸟一次能叼回十几条鱼。

## 三、成语释义

亡羊补牢 wáng yáng bǔ láo：亡，丢失；牢，指牲口圈。丢了羊之后修补羊圈，还不算晚。比喻受了损失后及时补救，可以防止再受损失。经常和“为时未晚”一起说。

## 四、例句

1. 这次考试成绩不好不要紧，只要你**亡羊补牢**，认真复习，下次一定能取得好成绩。

2. 工厂发生了安全事故，很多工人都受伤了。相关部门要查清问题，采取“**亡羊补牢**”的措施。

3. **亡羊补牢**虽然不能挽回之前的损失，但是能够避免今后的损失。

## 五、句法功能

“亡羊补牢”在句子中一般用作谓语、定语。

## 六、课文理解

（一）回答问题。

1. 夜里狼从哪里把羊叼走了？
2. 羊丢了，邻居劝告他什么？
3. 这个人在狼叼走了几只羊的时候开始修羊圈？

（二）复述课文，用上下列词语。

养　　准备　　发现　　羊圈　　窟窿　　钻进来　　叼走
劝告　　修一修　　堵上　　又钻进来　　后悔　　赶紧

## 七、练习

（一）用“亡羊补牢”改写句子。

1. 小刚衣服上的口袋破了，他的校园卡从口袋里掉了出去，他只能补办了一张新校园卡。小刚回去就补好了衣服，后来再也没有发生过这样的事情。

2. 小明的家乡在黄河边，去年水灾毁掉了很多房屋，今年政府提前做好了准备，当地人们没有再因水灾遭受损失。

3. 他上个月炒股票亏损了，就立即卖掉一部分股票，避免了更大的损失。

4. 犯了错误不要紧，只要你吸取教训，避免后面的错误就可以了。

5. 上次数学考试他没及格，但是他后来好好复习了之前学习的内容，认真听课，后面的考试成绩就非常好。

（二）用“亡羊补牢”补充句子。

1. 一辆严重超载的校车在十字路口发生了车祸，很多孩子受了伤。之后交通部门对此类事件加强管理……

2. 电脑突然黑屏，应该是中病毒了，你现在赶紧安装杀毒软件……

3. 受冰冻天气的影响，很多农产品运不出去，农民受到很大的损失。政府采取了很多办法……

4. 虽然你已经犯下了错误，但是……

5. 连着几天下大雨，这墙有点不牢固了，赶快修一修……

（三）你有没有“亡羊补牢”的经历？用“亡羊补牢”这个成语说一说当时的情景。

“亡羊补牢”的反义词：不见棺材不落泪、不撞南墙不回头。

# 第六课　画龙点睛

## 一、成语故事

古时候，有一位画家名叫张僧繇。有一次，他奉皇帝之命在寺庙的墙壁上画了四条活灵活现的金龙，却没有画眼睛。有人问他为什么不画眼睛，张僧繇解释说："给龙画上眼睛不难，但一旦画了眼睛，它们就会飞走。"

大家听后谁都不相信。张僧繇被逼得没有办法，只好答应给其中两条龙点睛。只见他当着众人的面，提起画笔蘸上墨水，轻轻地给两条龙点上眼睛。不久后，天空乌云密布，狂风四起，电闪雷鸣。在雷电之中，人们看见被"点睛"的两条龙震破墙壁飞起来，很快就消失在天边。再看看墙上，只剩下没有被点上眼睛的两条龙。

张僧繇 zhāng sēng yáo：古代著名画家。

## 二、生词

1. **活灵活现** huó líng huó xiàn（成语）vivid; lifelike

   形容描述得非常逼真，就像真的一样。

   例句：在这里你能看到许多活灵活现的卡通形象。

2. **逼** bī（动词）force, compel

   强迫；威胁。

   例句：我本来不想干的，是他逼我这样做的。

3. **蘸** zhàn（动词）dip in

   把东西放在液体里沾一下就拿出来。

   例句：你试试用水果蘸热可可吃，我觉得好吃极了。

## 三、成语释义

画龙点睛 huà lóng diǎn jīng：比喻写文章或讲话时，在关键处用几句话点明实质，使内容更加生动有力。含褒义。

## 四、例句

1. 这篇文章最后一段话把整篇文章的精华浓缩在一起，实在是**画龙点睛**。

2. 有人说“领带是西装的灵魂”。领带要是选得好，可以**画龙点睛**地修饰服装。

3. 老师只需要在关键的地方“**画龙点睛**”地指点一下，学生就能有较大的进步。

## 五、句法功能

“画龙点睛”在句子中一般用作谓语、定语，常作“是”的宾语。

## 六、课文理解

（一）课文填空。

1. 画家在________________画了四条栩栩如生的金龙。
2. 画家说给龙点上眼睛，它们会__________________。
3. 画家当着众人的面，给龙点上眼睛。不一会儿，龙________________。

（二）复述课文，用上下列词语。

画家　　墙壁　　金龙　　眼睛　　飞走　　答应　　提起
点上　　乌云密布　　消失　　剩下

## 七、练习

（一）用“画龙点睛”改写句子。

1. 画家李师傅看到我的画，只是巧妙地加上了一笔，画里的人和景都活了，变得灵动起来。

2. 我写的一篇很普通的作文，被老师修改了一下结尾，马上变得引人注目。老师的修改可真是妙啊！

3. 广场上的雕塑不仅美化了这个城市的形象，更让原本整齐划一的城市建造“动”起来了，对城市的美化起到了关键的作用。

4. 这盆花摆在这里非常好，整个房间看起来漂亮多了。

5. 这幅画旁边的这首诗非常重要，让整幅画意义明了，真是妙极了。

（二）用“画龙点睛”补充句子。

1. 这则新闻的照片拍得生动有趣，突出了新闻的主旨……

2. 这次培训最精彩的就是最后专家的点评发言，虽然简短，但是对学员们很有启发……

3. 标题起着概括文章内容，引导读者阅读的重要作用。好的标题，对于一篇文章来说……

4. 最后的这段话十分精彩……

5. 这本书里最精彩的就是前面的摘要，对整本书……

（三）用“画龙点睛”说句子，说明事情发生的详细情景。

# 第七课　盲人摸象

## 一、成语故事

从前，有几个盲人很想知道大象是什么样子的，可他们看不见，只好用手摸。摸到大象鼻子的盲人说："大象像蟒蛇，又粗又长。"摸到大象牙齿的盲人说："大象就像一个又大又粗又光滑的胡萝卜。"摸到大象耳朵的盲人说："不对，不对，大象像一把大扇子！"摸到大象腿的盲人说："你们瞎说，大象只是根大柱子。"摸到大象身体的盲人说："大象明明又厚又大，像一堵墙嘛。"摸到大象尾巴的盲人却嘟囔："依我看，大象又细又长，只不过是一根绳子。"盲人们谁也不服谁，都说自己摸到的才是大象真正的样子。而实际上，他们一个也没说对。他们每个人只摸到了大象的一部分，并没有看到大象的全身。

## 二、生词

1. **蟒蛇** mǎng shé（名词）python

   一种无毒的蛇，体型较大，头部比较长。

   例句：这个森林里有很多蟒蛇。

2. **瞎说** xiā shuō（动词）talk nonsense, talk irresponsibly

   没有根据，无凭无据地乱说。

   例句：你没有根据就说他不遵守纪律，真是瞎说。

3. **嘟囔** dū nang（动词）mumble, grumble

   连续不断地小声自言自语，多表示不满。

   例句：大妈边走边嘟囔："这菜也太贵了点。"

## 三、成语释义

盲人摸象 máng rén mō xiàng：指认识事物不全面，很片面。含贬义。

## 四、例句

1. 农民经济负担重的原因非常复杂，要全面分析，如果只看到一方面，就是**盲人摸象**。

2. 这张地图很大，站在地图上任何一个位置，都只能看到道路的一部分，真有**盲人摸象**的感觉。

3. 评价一个人要全面，只看到他的优点或者缺点，都像**盲人**

**摸象**一样，没办法清楚地认识这个人。

## 五、句法功能

“盲人摸象”在句子中一般用作谓语、宾语、定语。

## 六、课文理解

（一）课文填空。

1. 摸到大象鼻子的盲人，觉得大象像__________________。
2. 摸到大象牙齿的盲人，觉得大象像__________________。
3. 摸到大象耳朵的盲人，觉得大象像__________________。
4. 摸到大象腿的盲人，觉得大象像____________________。
5. 摸到大象身体的盲人，觉得大象像__________________。
6. 摸到大象尾巴的盲人，觉得大象像__________________。

（二）复述课文，用上下列词语。

盲人　鼻子　蟒蛇　牙齿　胡萝卜　耳朵
扇子　腿　柱子　身体　墙　尾巴　绳子
全身

## 七、练习

（一）用“盲人摸象”改写句子。

1. 老师讲的这首古诗比较难懂，小明只理解了一句，所以回答问题时，说得不全面。

2. 从古代到现在，天文学家对宇宙有多种多样的解释，但很多都是对某个方面的猜想，没有办法全面认识宇宙。

3．像你这样东读一点、西背一点地记单词，不对单词进行总结、归纳，是没有办法学好英语的。

（二）用“盲人摸象”补充句子。

1．和其他公司合作要摸清楚他们的情况，光听别人传言，不去调查……

2．曹操是中国历史上一个比较复杂的人物，只看他的一个故事……

3．你学了课文中的几个重点句子，就以为自己全都会了……

（三）你或者身边人有没有“盲人摸象”的经历？用“盲人摸象”这个成语说一说当时的情景。

# 第八课　水中捞月

## 一、成语故事

从前，一群猴子在井边玩。有只小猴子往井里一看，里面有个月亮，赶紧喊："糟了！糟了！月亮掉到井里了！"大猴子听见了，跑过来一看，井里果然有个月亮。于是，大猴子一声呼喊，把这群猴子都集合起来。因为水离井面很远，猴子们只好一个拉着另一个的尾巴，拉成一长串，倒挂在水面。小猴子挂在最下面，它伸手去捞月亮，手刚碰到水，月亮就不见了。猴子们四处寻找，抬头一看，月亮仍旧挂在空中。它们非常困惑，纷纷说："月亮怎么又回到天上了？"

## 二、生词

1. **糟** zāo（形容词）Oops!

   坏，不好。

   例句：“糟了！我把作业落在家里了！”小明大叫一声。

2. **倒挂** dào guà（动词）hang upside down

   脚或尾巴在上，反过来吊着。

   例句：转头一看，发现他倒挂在树上。

3. **捞** lāo（动词）get out of water

   从水里或其他液体里取出（东西）。

   例句：这鱼很新鲜，是刚从水里捞上来的。

4. **困惑** kùn huò（形容词）puzzled, perplexed

   疑惑，不知道是怎么回事。

   例句：他脸上露出困惑的表情。

## 三、成语释义

水中捞月 shuǐ zhōng lāo yuè：到水中去捞月亮。比喻去做根本做不到的事，白费力气，毫无成果。

## 四、例句

1. 小丽对小明很好，可是小明有心上人了，不喜欢小丽，小丽做再多也只是**水中捞月**一场空。

2. 想改变市场上混乱的局面，政府必须参与治理，没有政府的支持，单靠个别企业的努力是不行的，最终只能是**水中捞月**。

3. 老板不同意，你还一直坚持，这怎么可能成功呢？这就和**水中捞月**一样，肯定没有好结果。

## 五、句法功能

“水中捞月”在句子中一般作谓语、宾语。

## 六、课文理解

（一）回答问题。

1. 小猴子为什么要捞月亮？
2. 最后，猴子捞到月亮了吗？

（二）复述课文，用上下列词语。

井边　小猴子　糟了　月亮　大猴子　果然
集合　倒挂　伸手　碰　仍旧　困惑

## 七、练习

（一）用“水中捞月”改写句子。

1. 在全球经济不景气的环境下，没有好好计划，就轻易投资，想要赚钱，到头来很可能一场空。
2. 你不能忽视工厂和工人们的安全，一旦安全出问题，最后可是什么都没有了。
3. 你想创业，但只有想法，不去实践，肯定不可能实现。
4. 你成天撒谎，却想得到她的信任，终究是一场幻影。
5. 不努力就想取得好成绩，根本不可能实现。

（二）用“水中捞月”补充句子。

1. 历史上很多人都想制造万能的“永动机”，可是为了不可能的事做再多努力也是白费力气，最终……

2. 他没有技术和学历，要在大城市找份好工作很困难……

3. 如果年轻的时候不好好学习，掌握知识，长大了想当科学家……

4. 他就是个骗子，你把钱借给他，以后想要讨回来，只能是……

5. 你一直在他身上花费时间和精力，恐怕……

（三）你有没有“水中捞月”的经历？用“水中捞月”这个成语说说当时的情景。

# 第九课　叶公好龙

## 一、成语故事

春秋时期，有个叫叶公的人非常喜欢龙。他家的屋梁上、柱子上和门窗上都刻着龙的图案，墙上也画着龙。他每天一有空就画画、写字，画的是龙，写的也是龙，连他给孩子取的名字都离不开龙。天上的真龙知道此事后非常感动，决定到人间走一趟，向叶公表示谢意。

这天，叶公正在家中午睡，忽然外面风雨大作，电闪雷鸣。叶公从睡梦中惊醒，急忙起来关窗户，没想到这时真龙从窗户外伸进头来。叶公见到十分害怕，转身逃进里屋，不料又被一条长长的龙尾拦住。叶公吓得瘫倒在地，不省人事。看到叶公这个样子，真龙感到十分扫兴，只好又飞回天上去了。

叶公 yè gōng：人名。

## 二、生词

1. **瘫倒** tān dǎo（动词）collapse, fall down

   倒在地上，没有办法动弹。

   例句：干了一天活，他累得瘫倒在地。

2. **不省人事** bù xǐng rén shì（成语）becoming unconscious; be in a coma

   指人失去知觉。

   例句：他常常喝酒喝得不省人事。

3. **扫兴** sǎo xìng（动词）feel disappointed; have one's spirits dampened

   正当高兴时遇到不愉快的事而兴致低落。

   例句：朋友突然离开聚会，让他十分扫兴。

## 三、成语释义

叶公好龙 yè gōng hào lóng：好，喜欢。形容表面上爱好某种事物，实际上并不是真正喜欢它，甚至害怕它。

## 四、例句

1. 她对英语就是**叶公好龙**，只在嘴上说说，一用英语交流就害怕，并不是真的喜欢。

2. 工作中应当虚心接受批评，有的人嘴上说欢迎大家监督，心里却十分反感、害怕，这其实是**叶公好龙**的表现。

3. 有些人说自己喜欢挑战，挑战能够让人进步，但是遇到挑战时，又感到害怕，没有勇气付诸实际行动。面对挑战，“**叶公好龙**”是不行的。

## 五、句法功能

“叶公好龙”在句子中一般作谓语、宾语。

## 六、课文理解

（一）回答问题。

1. 叶公喜欢龙表现在什么地方？
2. 叶公看到真龙后是什么反应？

（二）复述课文，用上下列词语。

喜欢　　刻　　名字　　感动　　谢意　　风雨大作
急忙　　伸进　　害怕　　逃进　　瘫倒　　扫兴　　飞回

## 七、练习

（一）用“叶公好龙”改写句子。

1. 他说自己喜欢运动，经常学习各种运动技巧，真去运动了，又怕累，真是可笑。

2. 小东说自己喜欢老虎，买了很多介绍老虎的书，但看到真的老虎却害怕了，不敢看。

3. 他说自己很渴望爱情，但当爱情真的来临了，他又很害怕，不敢接受，逃得远远的。

4. 我对绘画的喜爱，不是说说而已，是真的。

（二）用“叶公好龙”补充句子。

1. 小明经常做各种数学题，遇到难题从来不害怕，很喜欢解决问题的过程，他对数学的喜爱……

2. 他声称自己乐于助人，但真正需要他帮助的时候，他却不作声了，很害怕别人麻烦自己……

3. 他说欢迎大家给他提建议，但真的有人给他提了，他又很不高兴……

4. 他说他喜欢看恐怖片，但是真的看了，吓得好久都不敢出门，还说下次再也不看了。看来……

（三）你或者身边的人有没有遇到过“叶公好龙”的事？说说当时的情景。

# 第十课 自相矛盾

## 一、成语故事

楚国有一个卖兵器的人，到市场上去卖矛和盾。他举起他的盾向大家说："我的盾是世界上最坚固的，什么东西都不能刺穿它！"

接着，他又拿起他的矛，说："我的矛是世界上最锋利的，什么东西都挡不住它。只要一碰上，马上就会被它刺穿！"他十分得意，大声吆喝起来："快来看呀，快来买呀，这是世界上最坚固的盾和世界上最锋利的矛了！"

这时，一个看客上前问道："如果用你的矛去刺你的盾，会怎么样呢？""这……"卖兵器的人回答不上来。围观的人群爆发出一阵笑声。

## 二、生词

1. **吆喝** yāo he（动词）shout, cry out

大声喊叫或叫卖。

例句：他一到街上就听到了各式各样的吆喝声。

2. **爆发** bào fā（动词）burst out

事情或情绪突然而猛烈发生或发作。

例句：战争的爆发让无数人失去了自己的住所。

## 三、成语释义

自相矛盾 zì xiāng máo dùn：矛、盾，古代的两种兵器。比喻言语、行为前后不一致或互相抵触。

## 四、例句

1. 他说的话和他做的事经常**自相矛盾**，让人不能相信。

2. 警察第一次询问时，她说不认识这个人，第二次询问时，她又说认识这个人。她的话**自相矛盾**，令人不能相信。

3. 这些**自相矛盾**的话只会让人更加怀疑。

## 五、句法功能

“自相矛盾”在句子中一般作谓语、定语。

## 六、课文理解

（一）回答问题。

1. 卖兵器的人是怎么夸他的盾，又是怎么夸他的矛的？
2. 他是怎么自相矛盾的？

（二）复述课文，用上下列词语。

矛和盾　　坚固　　刺穿　　锋利　　挡不住　　十分得意

吆喝　　如果　　爆发

## 七、练习

（一）用“自相矛盾”改写句子。

1．她一会儿说自己忘记了，一会儿又说自己记忆力很好。这样的话让我怎么相信?

2．你早上说昨晚加班了，下午又说昨晚去朋友家了，你说的话前后不一致。

3．小明家卖刀和案板，他爸爸说这把刀什么都能砍断，但又说这案板什么刀也砍不断，说法前后不一致。

4．你说的跟你做的总是不一样，这样会失去别人的信任的。

（二）用“自相矛盾”补充句子。

1．他刚才说五年来一直用这架相机拍照，很熟练，现在却不能把它打开……

2．你文章中的结论和数据看起来相反……

3．小明刚刚说花盆是自己打破的，现在又说是小丽打破的，前后说法不一致……

4．你说了自己想好好读书，但又经常迟到，不交作业……

（三）你有没有“自相矛盾”的经历？请说一说。

# 单元复习一（第一课—第十课）

## 一、在下列格子中找出成语并写在横线上（12个）

| 拔 | 守 | 欺 | 矛 | 水 | 无 | 色 | 栩 |
|---|---|---|---|---|---|---|---|
| 株 | 盾 | 自 | 掩 | 盲 | 面 | 人 | 栩 |
| 长 | 苗 | 相 | 欺 | 画 | 中 | 叶 | 摸 |
| 如 | 龙 | 人 | 待 | 象 | 耳 | 捞 | 火 |
| 好 | 助 | 亡 | 羊 | 盗 | 洋 | 意 | 洋 |
| 画 | 点 | 公 | 铃 | 补 | 得 | 月 | 大 |
| 蛇 | 兔 | 睛 | 不 | 由 | 牢 | 生 | 不 |
| 待 | 龙 | 添 | 足 | 自 | 主 | 惭 | 言 |

________　________　________　________　________

________　________　________　________　________

________　________

## 二、用学过的成语填空

1. 成功要靠自己努力争取，你只是在这里________，等着机会到来，是不可能成功的。

2. 她根本就不爱你，你不用再白费力气了，你再努力也是________，到头来一场空。

3．你不让别人提意见，就以为你的缺点不存在，这其实是______________。

4．公司领导说欢迎大家提意见，但是真的有人去提意见了，他却非常害怕，这真是______________。

5．你的演讲已经很好了，再多说就是______________。

6．她今天这身打扮非常漂亮，尤其是大红色的口红，对整个装扮起了______________的作用。

7．孩子的天性就是玩，这么小的孩子你给他布置这么多作业，只会让他更加讨厌学习，这就是______________。

8．他是什么样的人，我们需要慢慢了解，只凭一件事就说他很难相处，这跟______________一样。

9．你说你喜欢学习，但天天打游戏，你说的跟你做的不一样，______________。

10．这次考试成绩不好不要紧，只要你继续努力，补上之前的功课，______________，为时未晚。

## 三、用括号里的成语完成句子

1．你昨天说喜欢他，今天又说不喜欢……（自相矛盾）

2．你想当市长？你没有能力，也没有胆量……（水中捞月）

3．这么小的孩子，又是弹钢琴，又是学书法，他的课外时间都被这些兴趣班占满了……（拔苗助长）

4．有的人总是看到事情的一个侧面就早早下结论，去评价别人，这其实是不负责任的……（盲人摸象）

5．最后这句话说得多余了，让人感觉你太啰嗦了……（画蛇添足）

# 第十一课　朝三暮四

## 一、成语故事

宋国有一个老人十分喜欢猴子，在家中养了许多猴子。时间长了，这个老人和猴子竟然能交流了。这个老人每天早晚都分别给每只猴子四颗栗子。几年之后，猴子越来越多，老人的生活却越来越贫穷，他就想把每天的栗子由八颗改成七颗。于是他就和猴子们商量说："从今天开始，我每天早上给你们三颗栗子，晚上仍然给你们四颗栗子，你们同意吗？"

猴子们听了，都在想早上怎么少了一个，又跳又叫，非常生气。老人连忙改口说："那么我早上给你们四颗，晚上给你们三颗，这样可以吗？"猴

子们听了，觉得早上的栗子已经从三个变成四个，跟以前一样了，就高兴地跳起来。

## 二、生词

1. **栗子** lì zi（名词）chestnut

   一种可以食用的果实。

   例句：路上他吃了半斤炒栗子，真是香极了。

2. **贫穷** pín qióng（形容词）impoverished, needy

   贫苦穷困。

   例句：这里是世界上最贫穷的国家之一。

3. **改口** gǎi kǒu（动词）withdraw or modify one's previous remark; correct oneself

   改变原来的说法或语气。

   例句：她发现自己说错了，连忙改口。

## 三、成语释义

朝三暮四 zhāo sān mù sì：朝，早上；暮，晚上。指玩弄手法欺骗人。后用来比喻常常改变，反复无常。也可用作“朝三而暮四”。

## 四、例句

1. 他一会儿想学英语，一会儿想学钢琴，一会儿又想学跳舞，这样**朝三暮四**，最后什么都没学会。

2. 那个公司刚和我们签约就反悔了，转去和另一个公司合作。以后不要和这种**朝三暮四**的公司打交道。

3. 我认为，刚刚参加工作的人，应该踏踏实实、认真地工作，不能**朝三暮四**，总是换工作。

## 五、句法功能

"朝三暮四"在句子中一般作谓语、定语、状语。

## 六、课文理解

（一）回答问题。

1. 老人第一次说了什么计划猴子们不同意?
2. 老人第二次说了什么计划猴子们同意了?

（二）复述课文，用上下列词语。

养　　猴子　　早晚　　栗子　　贫穷　　商量　　又跳又叫
改口　　高兴

## 七、练习

（一）用"朝三暮四"改写句子。

1. 小明年轻时总是变来变去，一会儿想当老板，一会儿想做老师，还想去当科学家，总感觉自己无所不能。

2. 他从毕业到现在换了5份工作，总是觉得别的公司好，换来换去，最后失业了。

3. 他今天说这个公司好，想加入这个公司；明天说那个公司好，想加入那个公司。最后没有被任何一个公司接受。

4. 你不能今天喜欢这个人，明天又喜欢那个人，变来变去，最终也不知道什么是爱情。

5．我们做事要有目标，不能反复无常，否则会一事无成。

（二）用“朝三暮四”补充句子。

1．小刚今天说喜欢你，明天又说喜欢她……

2．……前几天说是宝马车的粉丝，现在又喜欢上了别的车型，变得太快了。

3．他一心一意地对自己的女朋友好……

4．他一个月换一份工作……

5．干一行要爱一行，如果这个月干这个，下个月又换工作，这不是……

（三）讲一件你身边发生的“朝三暮四”的事情，用上这个成语。

# 第十二课　此地无银三百两

## 一、成语故事

古时候，有个名叫张三的人，辛辛苦苦积攒了三百两银子。他心里很高兴，但又担心银子被人偷去，经常夜里睡不着觉。

张三想来想去，决定把银子藏到箱子里，然后又在房屋后面的空地上挖了一个坑，把箱子深深埋在了地下。做完这些，他放下心了。但随后又担心：如果别人把箱子挖出来，连箱子一起偷走，那该怎么办？

后来，张三终于想出了个好主意。他写了一张纸条，上面写着“此地无银三百两”，然后贴在墙角，才放心地回去睡觉。

张三的奇怪举动被隔壁王二看在眼里。到了半夜，王二摸到墙角，借着月光看到了那张纸条。王二一下子明白过来，于是把箱子挖出来，偷走了银子。但他又害怕被张三发现，就赶紧把坑填好，也拿了一张纸贴在墙角，上面写着“隔壁王二不曾偷”。

第二天早上，张三起床后到屋后去看银子，发现银子不见了。看到王二贴的纸条后，一下子明白过来：自己的银子被王二偷走了！

## 二、生词

1. **积攒** jī zǎn（动词）save bit by bit

   把少量的东西一点一点地积存起来。

   例句：为了退休以后能自在地生活，他已经积攒了很多钱了。

2. **坑** kēng（名词）hole; pit

   地面上凹下去的地方。

   例句：走路小心一点，你看那边有个大坑。

3. **隔壁** gé bì（名词）next door

   相邻的房屋或者人家。

   例句：我能听到隔壁说话的声音。

## 三、成语释义

此地无银三百两 cǐ dì wú yín sān bǎi liǎng：这个地方没有银子三百两。比喻想要隐瞒掩饰，结果反而暴露了。

## 四、例句

1. 老师问谁带头打架，小刚赶紧说不是他，老师反倒一下子就怀疑到他。这真是“**此地无银三百两**”。

2. 我问小刚是不是喜欢小林，小刚的脸一下就红了，急忙说：“她是我的好朋友。我们就是关系比较好。”小刚这样的表现给人一种“**此地无银三百两**”的感觉。

3. 警察还没开口，他先说自己不是小偷，这真是**此地无银三百两**啊！

## 五、句法功能

“此地无银三百两”在句子中一般作主语、分句。

## 六、课文理解

（一）回答问题。

1. 张三为什么写了张纸条“此地无银三百两”？
2. 王二为什么写了张纸条“隔壁王二不曾偷”？

（二）复述课文，用上下列词语。

积攒　担心　决定　藏　箱子　埋　好主意
纸条　墙角　摸到　明白　害怕　填好

## 七、练习

（一）用“此地无银三百两”改写句子。

1. 新闻里一说要曝光问题产品，有的厂家就为自己辩白，各种声明都出现了，反而让消费者对这些厂家产生了怀疑。

2．班主任一走进教室就发现窗户的玻璃坏了，还没问情况，小李就慌张地说“不是我干的”，大家都用怀疑的眼神看向他。

3．小红一直到处玩，没有做暑假作业。开学时，老师还没有收作业，她就找老师解释说：“我的作业弄丢了，不是没有写。”老师反而对她产生了怀疑。

4．孩子看到妈妈回来，马上就说他没有偷吃糖，妈妈立刻明白了，知道他一定吃了糖。

（二）用“此地无银三百两”补充句子。

1．调查人员对公司进行调查时，总经理见面就说“本人绝对没有违反纪律”，调查人员反而对他产生了怀疑，最后发现总经理贪污。……

2．本来警察没有怀疑李明，但小刚一直说“我不希望连累李明”……

3．小兰的家长不同意她去酒吧，她偷偷去了一次。回家后，小兰看到爸妈就开始害怕，眼神闪躲，说话也结结巴巴……

4．他低着头，红着脸，却又极力说这件事与他无关……

（三）你在生活中见过像张三、王二这样的人吗？举例说明，用上“此地无银三百两”这个成语。

# 第十三课　塞翁失马

## 一、成语故事

战国时期有一位老人，养了许多马。一天，马群中忽然有一匹马走丢了，邻居们听到这事，都来安慰他。老人笑笑说："丢了一匹马没关系，说不定还会带来福气。"邻居们听了老人的话，心里都觉得好笑。

几个月后，丢的马不仅自己回家了，还带回了一匹好马。邻居们听说马自己回来了，向他祝贺说："丢失的马又带回一匹好马，真是有福气呀！"

老人听了邻居们的祝贺，没有一点儿高兴的样子，反而说："白白得了一匹好马，不一定是好事，也许会惹出什么麻烦来。"

老人有个独生子，非常喜欢骑马，他发现带回来的那匹马非常好，就每天骑马出游。一天，他从马背上跌下来，摔断了腿。邻居们听说此事，纷纷来安慰。老人说："没什么，腿摔断了却保住了性命，或许是福气呢！"

不久，敌兵大规模入侵，青年都被招去当兵了，老人的儿子因为摔断了腿，不能去当兵。后来当兵的人都战死了，只有老人的儿子保住了性命。

所以福可以转化为祸，祸也可以变化为福。这种变化难以预料。

## 二、生词

1. **福气** fú qì（名词）blessing, good luck

   指享受到幸福生活的好运气。

   例句：他尽管年纪大了但身体很好，这是一种福气。

2. **惹** rě（动词）cause (some trouble or problems)

   招引（一般是不好的事）。

   例句：他丝毫没有察觉到自己已经惹了大麻烦。

3. **跌** diē（动词）fall; tumble

   摔倒；跌落。

   例句：老先生一屁股跌坐在椅子上。

4. **摔** shuāi（动词）fall, tumble down

   因为站立不稳而倒下。

例句：这一跤他摔得很重。

5. **预料** yù liào（动词）anticipate, predict

事先估计。

例句：我们预料不会发生什么大问题。

## 三、成语释义

塞翁失马 sài wēng shī mǎ：边塞的老头丢失马。比喻虽然暂时受到损失，但从长远看也许会得到好处。感情色彩为中性，常与“安（焉）知非福”连用。

## 四、例句

1. 小东的妈妈生病后，小东突然长大了，每天照顾妈妈，做家务，很快就独立了。真是“**塞翁失马**，焉知非福”。

2. 小林上次考试没考好，但她从中吸取了教训，认真复习，在这次考试中排名第一。这正好说明了“**塞翁失马**”的道理。

3. 他丢了先前的工作，但却找到了一份新的更好的工作，这真是“**塞翁失马**”。

## 五、句法功能

“塞翁失马”在单句中可作宾语，在复句中可作分句。

## 六、课文理解

（一）课文填空。

1. 丢了一匹马损失不大，说不定还会带来______________。

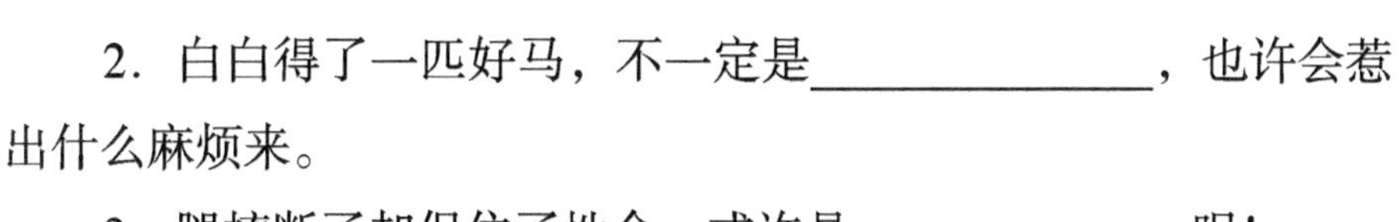

2. 白白得了一匹好马，不一定是______________，也许会惹出什么麻烦来。

3. 腿摔断了却保住了性命，或许是______________呢！

4. 福可以转化为__________，祸也可变化成__________。

（二）复述课文，用上下列词语。

老人　　养马　　走丢　　安慰　　福气　　几个月后
带回　　祝贺　　反而　　惹出麻烦　　独生子　　跌下来
安慰　　保住　　当兵　　保住性命

## 七、练习

（一）用“塞翁失马”改写句子。

1. 我这次生病住院特别难受，但也因此认识了照顾我的护士，收获了甜蜜的爱情。

2. 他虽然当初没考上研究生，但工作时积累了资金和经验，现在自己创业，当上了公司的老板，事业非常顺利。

3. 小张去这个公司应聘没有被录用，但是他总结了自己面试的经验和教训，后来被更好的公司录用了。

4. 小红半年前和男朋友分手了，当时她觉得特别伤心，但是现在遇到了新的爱情，而且她觉得现在的爱情才是真正适合她的。要是不分手，还遇不到现在的男朋友呢。

（二）用“塞翁失马”补充句子。

1. 他虽然下岗了，但在以前的工作中积累了很多经验，又重新找到了一份更好的工作。……

2. 他没赶上飞机，特别懊恼，但后来得知这班飞机最后失事了。……

3. 他这次自驾游，出了车祸，汽车被损坏了，但保险公司赔了他一辆新车。……

4. 他离婚时特别痛苦，觉得天都塌了，但是后来遇到了与自己更为合拍的爱人……

（三）用“塞翁失马”造个句子。

# 第十四课　杞人忧天

## 一、成语故事

古时候，杞国有个人总是担心天会塌下来，自己无处存身，因此吃睡不安。有一个人就去开导他，说："天不过是积聚的气体罢了，没有哪个地方是没有空气的。你的一举一动、一呼一吸，整天都在天空里活动，怎么还担心天会塌下来呢？"那人说："天是气体，日、月、星、辰就不会掉下来吗？"开导他的人说："日、月、星、辰也是空气中发光的东西，即使掉下来，也不会有什么伤害。"那人又说："如果地陷进去了怎么办？"开导他的人说："地都是土块堆积的，填满了四周，没有哪一个地方是没有土块的。你行走跑跳，都在地上活动，怎么还担心地会陷下去呢？"

经过这么一解释，那个杞人这才放下心来，那个开导的人也很高兴。

杞国 qǐ guó：中国历史上从夏代到战国初年的一个诸侯国。

## 二、生词

1. **塌** tā（动词）collapse, fall down

   土地凹陷下去。

   例句：这栋楼有垮塌的风险。

2. **积聚** jī jù（动词）accumulate; gather

   积累聚集。

   例句：雨水积聚到河流里，一直流到海里。

3. **陷** xiàn（动词）sink; get stuck in

   物体表面的一部分凹进去；掉进松软的地方。

   例句：汽车轮子陷进泥里去了。

## 三、成语释义

杞人忧天 qǐ rén yōu tiān：杞，杞国；忧，担心。有个杞国人担心天塌下来。指没有必要的担心。含有贬义。

## 四、例句

1. 最开始，他担心电影没人看会赔钱，没想到票房卖得很好，之前的担心变成了**杞人忧天**。

2. 我们现在要保护好环境，否则将来地球真的会被人类毁灭的，这绝不是**杞人忧天**。

3. 他担心这种病毒会毁灭人类，你觉得这是**杞人忧天**吗？

## 五、句法功能

“杞人忧天”在句子中一般用作谓语、宾语等。

## 六、课文理解

（一）回答问题。

1. 这个人担心什么？
2. 开导他的人是怎么给他解释的？

（二）复述课文，用上下列词语。

杞国人　天　塌下来　积聚的气体　日月星辰
发光　即使　不会伤害　地　陷进去　土块
行走跑跳

## 七、练习

（一）用“杞人忧天”改写句子。

1. 他天天担心图书馆会倒闭，这不是瞎操心吗？

2. 水已经烧开了，他担心里面有细菌，还是不敢喝，真是想太多了。

3. 对于孩子的婚事，你不用太担心，孩子们都大了，有自己的想法，你照顾好自己就行了。

4. 只要做好充分准备，就不怕敌人的突然袭击，所以你不用太担心了。

5．吃颗糖你都担心自己生病，真是想得太多了，担心太多反而容易生病。

（二）用“杞人忧天”补充句子。

1．——将来老了可怎么办？怎么生活？

——将来有将来的生活……

2．他之前总是担心外星人会毁灭人类，现在看来……

3．……烦恼并不会减少，反而会失去今天的快乐。

4．他们感情很好，现在只是吵了一架，你就担心他们会离婚……

5．我们做事要认真分析可能出现的困难，不要粗心大意，但也……

（三）你或周围的人发生过“杞人忧天”的事吗？用“杞人忧天”这个成语说一说当时的情景。

# 第十五课　狐假虎威

## 一、成语故事

从前，在一个山洞里住着一只老虎。有一天，它的肚子饿了，便跑到外面寻找食物。当走到一片茂密的森林时，它忽然看到前面有一只狐狸正在散步，于是便扑了过去，心想：今天可以美美地享受一顿了。

狐狸很狡猾，它知道今天被老虎抓住以后，肯定难逃一死。于是，当老虎张开大嘴巴时，狐狸的眼珠一转，对老虎说：“亲爱的老虎大王，我是天帝派到山林中来管百兽之王的，你要是吃了我，天帝是不会饶过你的。”老虎听了狐狸的话，半信半疑，可是看到狐狸镇定的样子，心里又一惊。这时，狐狸看到老虎迟疑了，更加坚定地说：“怎么？难道你不相信我的话？你现在跟在我后面，我

让你看看山林里的野兽见了我，是不是都吓得到处跑。”老虎觉得这个主意不错就同意了。于是，狐狸就大摇大摆地走在前面，老虎则在后面跟着。

它们没走多久，就看见森林深处有许多小动物。这些小动物发现走在狐狸后面的老虎时，都吓得逃走了。这时，狐狸得意地跟老虎说：“现在，你看到了吧？森林中的动物有谁不怕我？”老虎看到这种情景，内心也害怕起来。于是，狐狸就此躲过一劫。

## 二、生词

1. **饶** ráo（动词）pardon; forgive

   宽容；饶恕；原谅。

   例句：我真的知道错了，你就饶了我这一回吧。

2. **镇定** zhèn dìng（形容词）calm; composed

   在紧急的情况下沉着不慌乱。

   例句：他表现得很镇定，一点也不紧张。

3. **大摇大摆** dà yáo dà bǎi（成语）come/go swaggeringly; strut

   走路的时候身子摇来摇去。形容神气活现或者傲慢的样子。

   例句：他大摇大摆地走在街上，不知道在神气些什么。

4. **躲过一劫** duǒ guò yī jié（动词）dodge a bullet; be saved

   躲过可能发生在自己身上的不好的事。

   例句：我们做了充足的准备，肯定可以在这次经济危机中躲过一劫。

## 三、成语释义

狐假虎威 hú jiǎ hǔ wēi：假，借、利用。狐狸借着老虎的威势吓唬其他动物。比喻凭借别人的权力吓唬、欺压人。含贬义。

## 四、例句

1. 秘书只是领导的助手，但有的秘书却认为自己是领导，经常靠着领导的权力欺负下级，处处**狐假虎威**。这是非常可恨的。

2. 他的爸爸是领导，他觉得自己也很厉害，经常**狐假虎威**，欺负同学。

3. 小刚和班长是好朋友，班长不在的时候，小刚就经常指挥大家干这干那，大家都觉得小刚是**狐假虎威**。

## 五、句法功能

“狐假虎威”在句子中一般用作谓语、定语、宾语。

## 六、课文理解

（一）回答问题。

1. 狐狸跟老虎说了什么，老虎愿意跟着狐狸走一趟？
2. 老虎为什么相信狐狸的话？

（二）复述课文，用上下列词语。

老虎　寻找　食物　狐狸　享受　狡猾
眼珠一转　管　百兽之王　饶过　半信半疑
镇定　跟　大摇大摆　得意　躲过一劫

## 七、练习

（一）用“狐假虎威”改写句子。

1. 林生虽然很严肃，但是很讲道理，不像别的秘书仗着领导的权力欺压别人。

2. 她的父母都是这家公司的高管，但她从来都只把自己当成公司的普通员工，不会利用父母的身份欺负别人。

3. 自己有真才实学才是硬道理，光靠跟在领导身边装样子是没有前途的。

4. 他以为自己的岳父是总经理，就可以仗着势力欺负人。真可恶！

（二）用“狐假虎威”补充句子。

1. 他只是班长，又不是老师，天天……

2. 小狗看到主人在身边，马上……

3. 他因为老板有权有势，常常……

4. 他只是董事长身边的司机，却……

（三）你身边发生过“狐假虎威”的事吗？用“狐假虎威”这个成语说一说当时的情景。

# 第十六课 南辕北辙

## 一、成语故事

战国时期，有个人要去楚国。他驾着马车在路上赶路。有个路人跟他打招呼，问他："你要去哪里？"他说："我要去楚国。"路人很吃惊，说："楚国在南方，你怎么往北走啊？这样走，什么时候才能到楚国呢？"这个人不慌不忙地说："没关系，我的马跑得快。"路人说："你的马虽然好，但这不是去楚国的路啊！这样走会离楚国越来越远的。"那人又说："我的路费很充足。"路人说："你的路费虽然多，但这不是去楚国的路啊！"他又说："我的车夫技艺很高。"路人看到这人如此糊涂，无可奈何地摇了摇头，叹了口气。

## 二、生词

1. **不慌不忙** bù huāng bù máng（成语）unhurried, with full composure

   形容态度镇定，或办事稳重、踏实。

   例句：明明不慌不忙地走进了厨房。

2. **无可奈何** wú kě nài hé（成语）feel helpless, become unable to do anything

   （对事情）毫无办法。

   例句：他们无可奈何地承认自己失败了。

## 三、成语释义

南辕北辙 nán yuán běi zhé：南，面向南方；辕，车前驾牲口的两根直木；北，面向北方；辙，车轮压出的痕迹。比喻目标和行动正好相反。含有贬义。

## 四、例句

1. 图书馆在北门这边，你却往南门走，这不是**南辕北辙**吗？

2. 父母爱孩子要考虑方法，要用正确的方法对待孩子，否则就是**南辕北辙**，害了孩子。

3. 小云在火车站买去北京的票，但是售票员却卖给她一张广州方向的火车票。小云拿到车票后马上发现了这个“**南辕北辙**”的失误，立刻要求售票员更换车票。

## 五、句法功能

“南辕北辙”在句子中一般用作定语、宾语。

## 六、课文理解

（一）回答问题。

1. 面对路人的提问，赶车的人是怎么回答的？
2. 赶车的人最终能到达楚国吗？

（二）复述课文，用上下列词语。

赶路　　到楚国　　不慌不忙　　马快　　路费　　技艺
糊涂　　叹气

## 七、练习

（一）用“南辕北辙”改写句子。

1. 老板让王刚去北京开会，王刚却跑去了广州，不知道什么时候才能到。

2. 试卷上面的题目，我感觉都会，但都做错了。经老师一讲，我才发现自己想的方向是错的，难怪做不出来。

3. 你天天说要注意身体、健康第一，但又天天熬夜，这不是损伤身体吗？

4. 如果你的方法错了，那么你越努力离目标越远。

（二）用“南辕北辙”补充句子。

1. 小林提前三个小时去虹桥机场等候登机，最后才发现自己跑错了机场，结果延误了行程……

2. 有的人提倡爱护动物，但还抓鸟，吃狗肉……

3. 一些学校不顾小学生的特点，延长学生学习时间，加大学习强度。这种教育方式影响了学生的身心健康发展，使学生失去了学习的兴趣……

4. 图书馆在左边，你却往右走……

（三）你身边发生过“南辕北辙”的事吗？用“南辕北辙”这个成语说一说当时的情景。

# 第十七课　滥竽充数

## 一、成语故事

战国时候，齐国有位国君叫齐宣王，他特别喜欢听竽合奏。吹竽的乐队越大，他就听得越高兴。有个南郭先生，既没有学问，又不爱劳动。他听到齐宣王要组织大乐队的消息，就托人向齐宣王介绍，说自己是吹竽的高手。齐宣王请他加入了吹竽的乐队。合奏的时候，他坐在很多人组成的乐队里，腮帮子一鼓一瘪，上半身前俯后仰，好像吹得十分卖力，其实他的竽没有发出一点声音。就这样，南郭先生混过了一天又一天，一混就是好几年。

后来，齐宣王死了，齐湣王当了国君。齐湣王不爱听合奏，爱听独奏。这样一来，南郭先生混不下去了，只好悄悄收拾行李逃走了。

齐国 qí guó：先秦时期的一个诸侯国，战国七雄之一。

齐宣王 qí xuān wáng：战国时期齐国国君，公元前319年—前301年在位，在位19年。

竽 yú：中国汉民族古老的吹奏乐器，战国至汉代曾广泛流传。

齐湣王 qí mǐn wáng：战国时期田齐第六任君主，齐宣王之子，公元前301年—前284年在位，在位18年。

## 二、生词

1. **腮帮子** sāi bāng zi（名词）cheek

   腮，脸上下巴的两侧。

   例句：她双手托着腮帮子，不知道在想什么。

2. **瘪** biě（动词）flat, sink down

   凹下去。

   例句：今天早晨我的轮胎瘪了。

3. **前俯后仰** qián fǔ hòu yǎng（成语）bend forward and backward

   身体向前弯下，再向后仰起。

   例句：这个笑话实在是太有趣了，笑得大家前俯后仰。

4. **混** hùn（动词）muddle along; drift along aimlessly

   马马虎虎地度过；勉强凑合地谋取。

   例句：青年人正值奋斗的黄金时期，千万不能混日子。

## 三、成语释义

滥竽充数 làn yú chōng shù：滥，不真实；竽，乐器；充数，凑数。没有本领的人冒充有本领，占着位置，或拿次的东西混在好的里面充数。含有贬义。

## 四、例句

1. 老师让全班同学一起背课文，小明不会背，便**滥竽充数**，嘴巴一张一合，不发出一点声音。

2. 一些游乐园的设施不符合标准，很危险。应该坚决整顿这些**滥竽充数**的游乐场所，保障孩子们的安全。

3. 这支篮球队中有不少队员球技很差，在里面**滥竽充数**，怪不得这支球队总是输。

## 五、句法功能

“滥竽充数”在句子中一般用作谓语、定语。

## 六、课文理解

（一）回答问题。

1. 齐宣王喜欢听__________，而齐湣王喜欢听__________。
2. 南郭先生______________，只能混在人群中假装弹奏。
3. 齐宣王去世后，南郭先生还和从前一样享受优厚待遇吗？

（二）复述课文，用上下列词语。

合奏　不爱劳动　高手　一鼓一瘪　前俯后仰
混过　独奏　混不下去　逃走

## 七、练习

（一）用“滥竽充数”改写句子。

1. 在合唱团的训练中，王明一直假装唱歌，嘴巴一张一合，看起来很认真，实际上并没有唱出声。

2. 历年诺贝尔（Nobel）文学奖获得者都是真正的文学家，绝对不是没有真本事的人。

3. 某些无良的珠宝商人会把假货混在真货里，假装是真货。

4. 每当别人提起他所取得的成就，他都会低调地说他是混在里面充数的。

5. 我这些画作，只是为应付展览，随便拿出来凑数的。

（二）用“滥竽充数”补充句子。

1. 俱乐部招收新球员的时候没做好考核工作，一些没有真技术的人加入了球队……

2. 合唱表演开始前，小红突然昏倒了，小刘被拉上去充人数……

3. “炒股热”兴起后，很多有关炒股的书也出现了，但有些书……

4. 我买了一箱上等大苹果，回家打开一看，竟然……我很气愤。

5. 我们公司一向考核严格……

（三）用“滥竽充数”造个句子，详细说说当时的情景。

# 第十八课　好好先生

## 一、成语故事

东汉时期，有个叫司马徽的人很善于识别人才。但由于当时政治环境十分复杂，他就装糊涂，无论别人跟他讲什么事，不管是好是坏，他都回答“好！”。

有一天，他在路上碰到一位熟人。那人问他身体怎么样，他回答“好！”。又有一天，有个老朋友到他家里来，十分伤心地说自己的儿子死了，谁知司马徽也回答“好！”。那个朋友走后，司马徽的妻子责备他说：“人家认为你是讲道德的人，所以相信你，把心里话讲给你听。可是人家儿子死了，你反而说好，这怎么行呢？”司马徽不紧不慢地说：“好！你说得太好了！”他的妻子又气又恼，哭笑不得。

后来人们常常用“好好先生”来形容那些是非不分、不敢得罪人、只求平安无事的人。

东汉 dōng hàn：中国古代一个朝代名。

司马徽 sī mǎ huī：人名。

## 二、生词

1. **得罪** dé zuì（动词）offend; displease

让别人感到不舒服。

例句：他说话太直接了，很容易得罪人。

## 三、成语释义

好好先生 hǎo hǎo xiān shēng：指对什么都称“好”的人；形容不分是非，不敢得罪他人的人。多含贬义。

## 四、例句

1. 他是个**好好先生**，你找他来解决这些矛盾，那真是找错了人。

2. 他从来不在会上发表意见，一副**好好先生**的模样。

3. 有的**好好先生**怕得罪人，即使发现了问题，也不敢提出来，只是一味地说好。

## 五、句法功能

一般用作主语、宾语。

## 六、课文理解

（一）回答问题。

1. 课文中好好先生都对哪些事说“好”？
2. 后来人们常用“好好先生”形容哪些人？

（二）复述课文，用上下列词语。

装糊涂　　熟人　　伤心　　责备　　讲道德　　好
哭笑不得

## 七、练习

（一）用“好好先生”改写句子。

1. 他对你不发脾气，并不是因为他没有主见，对什么都说好，而是因为他爱你。

2. 这些争论毫无意义，我不想插嘴，干脆就坐着听，谁也不得罪。

3. 不想得罪人，可以注意你的表达方法，但没有必要什么都迎合别人，什么都说是。

4. 小王在工作上，不管对什么意见都说“好”，最后他自己也很累，回到家就发脾气。

（二）用“好好先生”补充句子。

1. 他无论遇到什么事儿从来都不生气，也不会提出自己的意见……

2. 他……无论你问他什么他都只会表示赞同，虽脾气温和，但我总觉得缺乏魄力。

3. 你不要……这样只会让别人越来越不重视你。

4. 公司领导……虽脾气温和，但缺乏魄力。

（三）你身边有没有“好好先生”？说说他/她的情况。

# 第十九课　老马识途

## 一、成语故事

春秋时期，齐桓公出兵攻打燕国，相国管仲随同前往。齐军是春天出兵的，胜利后返回已是冬天，草木变了样，大军在归途中迷了路，情况非常危急。管仲思考了好久，有了一个大胆的设想：既然狗离家很远都能找回家去，那么军中的马，尤其是老马，也应该有认路的本领。于是他对齐桓公说："大王，我认为老马有认路的本领，可以利用他们在前面领路，带领大军走出山谷。"齐桓公同意试试看。管仲立即挑出几匹老马，解开缰绳，让它们在大军的最前面自由行走。结果，这些老马都毫不犹豫地朝一个方向行进。大军紧跟着它们，最后终于走出了山谷，找到了回齐国的大路。

齐桓公 qí huán gōng：春秋时期齐国第15位国君，春秋五霸之首。

燕国 yān guó：周朝时期的一个诸侯国，战国七雄之一。

管仲 guǎn zhòng：春秋时期法家代表人物，中国古代政治家、军事家。

## 二、生词

1. **缰绳** jiāng shéng（名词）rein

   牵马或其他动物用的绳子。

   例句：这个小孩把缰绳弄丢了，牛也不知道跑哪里去了。

2. **犹豫** yóu yù（动词）hesitate

   对事情难以做决定。

   例句：他做事经常犹豫不定，要考虑很久。

## 三、成语释义

老马识途 lǎo mǎ shí tú：老马认识道路。比喻有经验的人熟悉情况，能在某个方面起指引的作用。含褒义。

## 四、例句

1. 前辈的工作经验很丰富，算得上是**老马识途**，多听一听他们的意见可以让我们少走许多弯路。

2. 王刚的导师是一个非常负责的老师，根据自己的经验给学生提出很多建议，用“**老马识途**”的优势引导学生开展研究。

3．多听一听前辈的意见可以让我们少走许多弯路，正所谓**老马识途**。

## 五、句法功能

“老马识途”在句子中一般用作主语、谓语。

## 六、课文理解

（一）回答问题。

1．齐军返回途中发生了什么事？
2．最后是谁带着大军走出了山谷？

（二）复述课文，用上下列词语。

齐军　　春天　　冬天　　迷路　　设想　　老马　　解开
毫不犹豫　　走出

## 七、练习

（一）用“老马识途”改写句子。

1．小方对山里的情况十分熟悉，他带着大家左拐右拐，不一会儿就找到了出口。

2．这些收藏品他一看就知道是真还是假，真是经验丰富呀！

3．经过这件事，小王不得不承认还是经验丰富的人更善于处理复杂情况，自己还有很多地方要向别人学习。

4．前辈们经验丰富，熟悉工作，多听听他们的意见可以让你少犯错误。

（二）用“老马识途”补充句子。

1. 小林是老广州了，对广州非常熟悉。昨天我第一次来广州，小林带着我逛街……

2. 我们遇到的难题，他一来就全解决了，老师傅的水平就是高……

3. 他有着丰富的工作经验……

4. 人不一定越老越没用……

（三）你认为前辈的意见重要吗？请谈一谈，并用上“老马识途”。

# 第二十课　破镜重圆

## 一、成语故事

南朝时，陈国马上就要灭亡了，有个叫徐德言的人，他担心在战乱中会与妻子失散，就将一面铜镜分成两半，二人各拿一半，作为日后重见的凭证。夫妻两人约定如果失散，之后每年正月十五到街市去卖半片铜镜来取得联系。

陈国灭亡后，徐德言夫妻果然失散了。两人在经历灾难之后都活了下来，到第二年正月十五，徐德言赶到街市，四处寻找卖半片铜镜的人。他发现果然有人正在叫卖半片铜镜，他知道可以找到妻子了，禁不住掉下了眼泪。他赶紧买下了这半片铜镜，拿出自己珍藏的另一半铜镜，两半铜镜完全吻合，正好对上。于是他又向卖镜子的人打听妻子所在的地方。经过很多曲折，徐德言与妻子终于团聚，夫妻二人一起回到了故乡。

专名

南朝 nán cháo：中国古代一个时期。

陈国 chén guó：中国古代南朝时的一个国家。

徐德言 xú dé yán：人名。

## 二、生词

1. **凭证** píng zhèng（名词）proof; evidence; voucher

   可以用来证明身份的事物。

   例句：这衣服你说你在这家超市买的，要有凭证。

2. **珍藏** zhēn cáng（动词）treasure up

   认为有价值而认真地收藏。

   例句：这个玉佩是外婆送给他的，他珍藏了许久。

3. **吻合** wěn hé（动词）anastomose

   两个物体刚好可以合在一起。

   例句：装修工人安装的门和门框必须是完全吻合的。

## 三、成语释义

破镜重圆 pò jìng chóng yuán：比喻夫妻失散后重新团聚或决裂后重新和好。

## 四、例句

1. 她非常热心，积极化解家庭矛盾，曾使许多家庭**破镜重圆**。

2. 许多离异家庭在她的努力下又**破镜重圆**了。

3. 现实生活中**破镜重圆**的事情并不少见。

## 五、句法功能

“破镜重圆”在句子中一般用作谓语、定语。

## 六、课文理解

（一）回答问题。

1. 徐德言将什么分成两半？有什么作用？
2. 夫妻两人有什么约定？

（二）复述课文，用上下列词语。

失散　　铜镜　　凭证　　联系　　寻找　　禁不住
珍藏　　吻合　　团聚

## 七、练习

（一）用“破镜重圆”改写句子。

1. 一段破碎的婚姻重新和好需要很长时间的努力，不仅需要双方共同的努力，最重要的是解决矛盾，解开两个人的心结。

2. 虽然他们夫妻二人在这场战争中走失了，但这些年他们一直在互相寻找，最终在好心人的帮助下团聚了。

3. 他想和分手五年的女朋友重新和好，但是不可能了，因为两个人的观念差别实在太大了。

（二）用“破镜重圆”补充句子。

1. 这对夫妻前段时间经常吵架，甚至要去离婚，后来经过长辈调节，他们学会了沟通，现在……

2. 小汤和妻子虽然已经离婚了，但是他心里还是很爱妻子的，还想……

3．中国人有个传统观念是劝和不劝分，希望分开的人能……但我觉得幸福才是最重要的，在一起不幸福还不如分开。

（三）用“破镜重圆”造句。

# 单元复习二（第十一课—第二十课）

## 一、从下列格子中找出成语并写在横线上（20个）

| 好 | 塞 | 竽 | 充 | 马 | 此 | 朝 | 无 | 银 | 自 |
|---|---|---|---|---|---|---|---|---|---|
| 翁 | 好 | 先 | 数 | 老 | 地 | 三 | 盲 | 百 | 相 |
| 滥 | 失 | 生 | 南 | 辕 | 识 | 途 | 人 | 暮 | 两 |
| 破 | 镜 | 马 | 北 | 狐 | 假 | 摸 | 画 | 矛 | 四 |
| 杞 | 人 | 重 | 虎 | 辙 | 象 | 蛇 | 拔 | 盾 | 水 |
| 叶 | 圆 | 威 | 忧 | 画 | 三 | 添 | 苗 | 助 | 中 |
| 公 | 志 | 守 | 天 | 龙 | 足 | 长 | 道 | 掩 | 耳 |
| 亡 | 龙 | 株 | 补 | 待 | 点 | 兔 | 捞 | 月 | 文 |
| 羊 | 同 | 好 | 合 | 牢 | 睛 | 能 | 盗 | 铃 | 武 |

________ ________ ________ ________ ________

________ ________ ________ ________ ________

________ ________ ________ ________ ________

________ ________ ________ ________ ________

## 二、用学过的成语填空

| 朝三暮四 | 画蛇添足 | 亡羊补牢 | 好好先生 | 老马识途 |
|---|---|---|---|---|
| 塞翁失马 | 破镜重圆 | 杞人忧天 | 画龙点睛 | 自相矛盾 |
| 滥竽充数 | 南辕北辙 | 狐假虎威 | 盲人摸象 | 此地无银三百两 |

1. 由于他在会上对谁的意见都表示赞同，我一直以为他是个“________”，相处久了，我才知道他对于原则问题是不让步的。

2. 小李和前女友分手之后，伤心了很久，但之后认识了现在的妻子，生活很幸福，真是“________，焉知非福”。

3. 这场表演很重要，评委们都是非常顶尖的专家，所以我们必须挑选出一批优秀的演奏者，每个人都要有专业十级以上的水平，决不允许任何一个________的人存在。

4. 这对夫妻分离了五年，重逢后发现仍然深爱彼此，终于又________，现在感情好得很呢。

5. 老刘在这里工作多年，有着丰富的经验，称得上________，有什么问题找他请教就行。

6. 他总是提醒我们不要浪费电，但自己出门的时候又经常不关灯，这样的行为与“节约用电”的目标不是________吗？

7. 他自己没什么本事，只因为父亲是领导，所以整天________地欺负人。

8. 小王都说已经出发了，他还担心小王不会来，完全是________。

9. 巧克力只剩一半，我还没问他，他立刻就说“不是我吃的”，这不就是“________”的表现嘛。

10. 小张今天说要学画画，明天又说要学跳舞，这样________，结果什么都没学会。

11. 你刚才说你明天要上班，不在家，现在却又让我明天去你家找你，这不是________吗？

12. 这件事到底是怎么发生的，你要多问几个人才知道，如果只听小刘一个人说的话，就好像________一样，并不能完全了解事情的经过。

13．这道菜本来已经做好了，但弟弟又加了点儿盐，反而不好吃了，真是______________，多此一举。

14．他穿了一身黑色的西装，胸口戴了一块精致的银胸针，这枚胸针刚好起到了______________的效果。

15．这次比赛输了，暴露了我们的弱点，所以我们回去后要______________，把训练的质量再提高一步，补齐短板，为下一次比赛做好准备。

## 三、用给出的成语补充对话

1．A：做早操的时候，小明表现怎么样？

B：____________________________。（滥竽充数）

2．A：他早上睡过头了，赶上飞机了吗？

B：____________________________。（塞翁失马）

3．A：这项工作不是很简单，让谁做呢？

B：____________________________。（老马识途）

4．A：怎么才能达到目标呢？

B：____________________________。（南辕北辙）

5．A：小王为什么欺负人？

B：____________________________。（狐假虎威）

6．A：我带了很多厚衣服来。

B：____________________________。（杞人忧天）

7．小花：妈妈，你回来了，我今天没有吃糖。

妈妈：________________________。（此地无银三百两）

8．A：小李今年已经换了好几份工作了。

B：____________________________。（朝三暮四）

9. A：小王看起来脾气很好啊!

B：________________________________。（好好先生）

10. A：这对夫妻虽然已经分开多年，但是他们还是有感情的。

B：________________________________。（破镜重圆）

# 第二十一课　以貌取人

## 一、成语故事

春秋时期，圣人孔子有许多弟子，其中一人名叫宰予。宰予口才很好，能说会道，给孔子的印象不错。但后来宰予大白天躺在床上睡觉，为此，孔子严厉地批评了他。

孔子还有一个弟子叫子羽，比孔子小39岁。子羽的相貌很丑陋，孔子因此觉得他不会成才。但子羽在学完后，回去就致力于修身，处事光明正大。后来，子羽游历到长江，跟随他的弟子有300人，各诸侯国都传诵他的名字。孔子听说了这件事，感慨地说："我只凭言辞评判人，结果看错了宰予；我只凭相貌评判人，结果又看错了子羽。"

专名

孔子 kǒng zǐ：中国古代思想家、政治家、教育家，儒家学派创始人。

宰予 zǎi yǔ：孔子的弟子。

子羽 zǐ yǔ：孔子的弟子。

## 二、生词

1. **丑陋** chǒu lòu（形容词）ugly

   外表或样子很难看。

   例句：那个怪物长得十分丑陋，看起来很吓人。

2. **传诵** chuán sòng（动词）be on everybody's lips

   （好的事情和名声等）在人们口中流传。

   例句：他的英雄事迹一直被人们传诵着。

## 三、成语释义

以貌取人 yǐ mào qǔ rén：以，用，凭借。意思是只凭外表来判断人的品质和能力。含贬义。

## 四、例句

1. 他虽然相貌平平，但十分聪明。你如果**以貌取人**，那就大错特错了。

2. 我们要真正了解一个人，就不能**以貌取人**，应该多方面了解之后再做判断。

3. 这架飞机上的机组人员平等对待每一位乘客，绝不会出现那种看乘客穿着来**以貌取人**的行为。

## 五、句法功能

“以貌取人”一般在句子中充当谓语、宾语、定语。

## 六、课文理解

（一）回答问题。

1. 谁给孔子留下的印象不错？谁给孔子留下的印象一般？
2. 什么被各诸侯国传诵？

（二）复述课文，用上下列词语。

能说会道　　大白天　　批评　　丑陋　　光明正大
传诵　　评判

## 七、练习

（一）用“以貌取人”改写句子。

1. 这家商店的店员会根据客人的穿着不同来分别对待，这实在很令人气愤。

2. 人重要的是内在价值，不能以相貌美丑来评价。我们不能根据长相来看人，要用心感受他人高尚的品质。

3. 孔子也有过因为学生长相和穿着不同，而做出不同评价的情况。后来，他意识到自己的判断错误了，不该这样。

（二）用“以貌取人”补充句子。

1. 如果领导……自然会冷落那些有真才实学的人。
2. 漂亮不漂亮不是最重要的，能力和性格才是关键。这个社会……

3. 他看我们穿着打扮不同，就觉得我们身份地位也不同……

（三）你身边发生过“以貌取人”的事吗？用上这个成语说一说。

# 第二十二课　爱屋及乌

## 一、成语故事

西周的周武王打败商朝的时候，和姜太公等人商量如何处置商朝遗留下来的官员。姜太公说："我听说，如果喜爱那个人，就连带喜欢他屋上的乌鸦。如果憎恨那个人，就连带厌恶他的仆人。全部杀掉商朝留下来的官员，您看怎么样？"周武王认为不能这样。召公说："我听说过：有罪的，要杀；无罪的，让他们留下来。大王您看怎么样？"周武王认为也不行。周公说："我看应当让他们各人都回到自己家里，各自耕种自己的田地。君王不能偏爱自己的亲友，要用仁义来感化天下。"周武王听了非常高兴，于是采纳了周公的建议。从此以后，民心大多归附周武王，天下果然很快安定下来，西周因此变得更加强大。

西周 xī zhōu：中国历史上第三个朝代。

周武王 zhōu wǔ wáng：姬发，建立了西周王朝。

商朝 shāng cháo：中国历史上第二个朝代。

姜太公 jiāng tài gōng：姜子牙，西周的开国功臣。

召公 shào gōng：西周大臣。

周公 zhōu gōng：西周大臣。

## 二、生词

1. **处置** chǔ zhì（动词）handle; deal with

   做出安排或解决问题。

   例句：如何处置这个小偷，是由法律决定的。

2. **遗留** yí liú（动词）leave over; hand down

   以前的事物或现象继续存在。

   例句：我们要抛弃旧社会遗留下来的坏风气、坏习惯。

3. **感化** gǎn huà（动词）help sb. to change (by education and persuasion)

   用言语和行动去感动和改变一个人，使其变好。

   例句：感化那些犯过大错的犯人，是需要一定时间的。

4. **归附** guī fù（动词）submit to the authority of another

   原来不属于这一方的人投靠到这边来。

   例句：他从没想过归附敌人，他要战斗到最后一刻。

## 三、成语释义

爱屋及乌 ài wū jí wū：及，连带。比喻爱一个人而连带地关心与他有关的人或物。

## 四、例句

1. 因为哥哥是杰出校友，老师**爱屋及乌**，对我也十分喜爱。

2. 他喜欢小明的妹妹，慢慢地，也开始喜欢小明，这真是**爱屋及乌**。

3. 也许喜欢一个人，就会**爱屋及乌**，喜欢他的一切。

## 五、句法功能

“爱屋及乌”在句中一般作谓语、定语。

## 六、课文理解

（一）回答问题。

1. 姜太公和召公分别建议什么？
2. 周武王最后采取了什么建议？

（二）复述课文，用上下列词语。

商量　处置　遗留　喜爱　乌鸦　憎恨　有罪
无罪　耕种　偏爱　感化　采纳　安定

## 七、练习

（一）用“爱屋及乌”改写句子。

1. 妈妈喜欢隔壁那个可爱的小女孩，也顺带喜欢她卖的花，每次下班都会买几朵。

2. 小朵很讲礼貌，而她的弟弟却十分调皮，总是捣乱。但是由于大家喜欢小朵，也就不那么讨厌她的弟弟了。

3. 如果你真的喜欢他，也会喜欢上他养的那些奇奇怪怪的鱼。

4．你爱你的爱人，也应该喜欢他的家人，要对他的家人好一点。

（二）用“爱屋及乌”补充句子。

1．我的爱人是广州人，所以……广州这个城市的缺点在我看来，也成了优点。

2．他很爱他的妻子。他本来不喜欢狗，但因为妻子喜欢养狗，他也开始喜欢狗，下班回家也会给狗买小零食……

3．你喜欢你的孩子，也该……

4．也许喜欢一个人，就会……

（三）用“爱屋及乌”造句。

# 第二十三课　邯郸学步

## 一、成语故事

传说两千年前，燕国有一位少年，不愁吃不愁穿，相貌也好，可他就是缺乏自信，经常感到事事不如人。衣服是人家的好，饭菜是人家的香，站姿坐姿也是人家的高雅。于是，他就见什么学什么，学一样丢一样。这位少年还总觉得自己走路的姿势不好看，觉得自己不该这样走路。

有一天，他在路上听到有人说邯郸人走路姿势美，于是急忙走上前去，想打听明白。不料，那几个人看见他，一阵大笑后就走了。

邯郸人走路的姿势究竟怎样美呢？他怎么也想象不出来，这成了他的心病。终于有一天，他去了邯郸。一到邯郸，他感到处处新鲜，看到小孩走路，他

觉得活泼，学；看到老人走路，他觉得稳重，学；看到妇女走路，他觉得摇摆多姿，学。就这样，不过半个月，他不但什么也没学会，就连原来怎么走路也不会了，路费也花光了，只好爬着回去了。

燕国 yān guó：春秋战国时期的一个国家。

邯郸 hán dān：战国时赵国（春秋战国时期的一个国家）的都城。

## 二、生词

1. **高雅** gāo yǎ（形容词）elegant and in good taste; noble and graceful

   高尚，不粗俗。

   例句：她房间里的一切陈设都很高雅。

2. **姿势** zī shì（名词）posture; gesture

   身体呈现的样子。

   例句：他的蝶泳姿势非常标准。

3. **心病** xīn bìng（名词）anxiety; worry

   心里担忧引起的疾病。

   例句：换座位的事没彻底解决，总是他的一块心病。

## 三、成语释义

邯郸学步 hán dān xué bù：比喻生搬硬套，机械地模仿别人，不但学不到别人的长处，反而会把自己的优点和本领也丢掉。含贬义。

## 四、例句

1. 写作文不能照搬例文，那样会像**邯郸学步**一样，是写不出好文章来的。

2. 学习知识要踏踏实实，不能**邯郸学步**，生搬硬套。

3. 我希望我们的班级是有特色的，班级管理上不能照抄隔壁班的办法，不然就是**邯郸学步**，恐怕对学生没有好处。

## 五、句法功能

“邯郸学步”在句中常作谓语、定语和“是”“成（了）”一类词的宾语。

## 六、课文理解

（一）回答问题。

1. 少年为什么要学习邯郸人走路？

2. 少年学邯郸人走路学得怎么样？

（二）复述课文，用上下列词语。

缺乏　　高雅　　走路姿势　　心病　　活泼　　稳重

摇摆多姿　　爬

## 七、练习

（一）用“邯郸学步”改写句子。

1. 我们在学习外国经验时，可不能完全照搬，而要考虑自己的实际情况。

2．我们得有自己的原则和立场，不能人家说什么我们就说什么，人家做什么我们就做什么。

3．作为一名作家，你的写作应该有自己的风格，你一会儿觉得这个人的风格好，立刻跟着学，一会儿又觉得那个人的风格好，马上又跟着改，就无法形成自己的风格。

4．每位老师性格不同，上课风格也不同，上出自己的特色就是好的。如果完全学别人，最后反而会失去自己的特色，也上不好课。

（二）用“邯郸学步”补充句子。

1．学习应该有自己的方法，总是模仿别人，就会……

2．他们俩的表演风格完全不同，你硬要让他去模仿对方，恐怕……

3．新手老师可以学习身边优秀教师不同的特色，学习他们的教学经验，但……

4．公司发展要找到自己的特点，否则……

（三）用“邯郸学步”造句。

# 第二十四课　抱薪救火

## 一、成语故事

战国末年，强大的秦国不断吞并邻近的国家。秦国先后三次入侵魏国，占领了魏国许多土地，魏国军民伤亡很重。

有一次，秦国又派兵攻打魏国，魏国虽然有韩、赵两国援助，可惜仍旧无法战胜秦国。眼看情况不利，有个大将提议把南阳割让给秦国求和，大臣苏代却不赞同。他说："秦国想吞并魏国，只割让土地无法满足秦国的野心，就像抱着柴火去救火，柴火没烧完，火是不会灭的。"

可是魏王不听苏代的劝阻，还是把南阳割让给秦国以求和。最后真的就像苏代说的一样，秦国根本不满足，仍然继续攻打魏国，掠夺了魏国更多的土地。最后，魏国被秦国所灭。

秦国 qín guó：春秋战国时期的一个国家。

魏国 wèi guó：春秋战国时期的一个国家。

韩国 hán guó：春秋战国时期的一个国家。

赵国 zhào guó：春秋战国时期的一个国家。

南阳 nán yáng：地名，春秋战国时期魏国的一个地方。

苏代 sū dài：人名，春秋战国时期的纵横家。

## 二、生词

1. **吞并** tūn bìng（动词）annex; merger

   侵占别人的财物而归自己所有。

   例句：大公司一直想吞并和自己有竞争关系的小公司。

2. **援助** yuán zhù（动词）help; support; aid

   为某个人或集体提供支持和帮助。

   例句：国际红十字会援助难民重建家园。

3. **割让** gē ràng（动词）cede

   划分一部分让给别人，多指土地。

   例句：他们拒绝割让土地给邻国。

## 三、成语释义

抱薪救火 bào xīn jiù huǒ：薪，柴火。抱着柴火去救火。比喻解决问题的方法不对，反而使后果更严重了。多含贬义。

## 四、例句

1. 当我们遇到了需要帮助的人，应该用正确的方式帮助他，而不是**抱薪救火**。

2. 他现在正在气头上，你还用指责去制止他，这不是**抱薪救火**吗？

3. 她都已经不高兴了，小明不仅不道歉，反而还在为自己的谎言找借口，这种**抱薪救火**的做法只会让她更加生气。

## 五、句法功能

“抱薪救火”一般在句中作谓语、宾语、定语。

## 六、课文理解

（一）回答问题。

1. 大臣苏代为什么不同意把南阳割让给秦国？
2. 魏王最后是怎么做的？

（二）复述课文，用上下列词语。

秦国　　吞并　　占领　　攻打　　割让　　劝阻　　继续
掠夺

## 七、练习

（一）用“抱薪救火”改写句子。

1. 遇到困难应该冷静思考，以正确的方式应对，要是只知道发脾气，那就会越来越糟糕。

2. 你的身体已经上火了，你要是还继续进补，只会让身体越来越糟糕。

3. 孩子都已经犯错了，你还一直表扬他，教育方法不对，不但无法纠正错误，还可能让孩子养成更多不好的习惯。

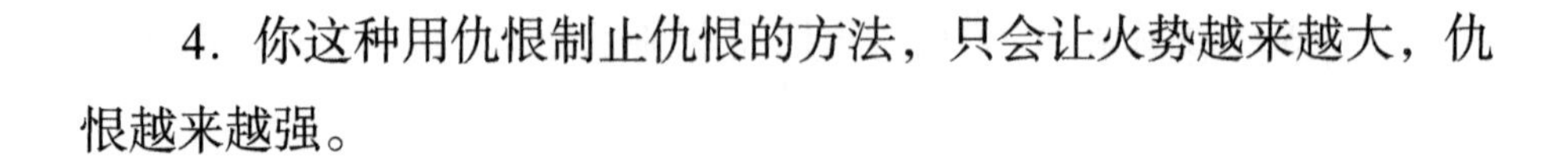

4. 你这种用仇恨制止仇恨的方法，只会让火势越来越大，仇恨越来越强。

（二）用“抱薪救火”补充句子。

1. 小明不会做数学题，去请教小红，可是小红非但没有给他讲解，反而……

2. 面对对方公司一个接一个不合理的要求，我们应该立刻停止和他们的合作。要是现在满足他们的这些要求……

3. 他正在气头上，你还专挑让他生气的事儿来说……

4. 他们俩吵架，你不但不劝架，反而也加进去……

（三）用“抱薪救火”造句。

# 第二十五课　胸有成竹

## 一、成语故事

北宋时候，有一个著名的画家名叫文同，他是画竹子的高手。文同画的竹子远近闻名，每天总有不少人登门求画。文同在自己家的房前屋后种上各种各样的竹子，无论春夏秋冬、阴晴风雨，他每天都去竹林观察竹子的生长变化情况，琢磨竹枝的长短粗细，叶子的形态、颜色，有新的感受就回到书房，把心中的印象画在纸上。竹子的各种形象都深深地印在他的心中。所以每次画竹，他都显得非常从容，画出的竹子非常逼真。他的朋友评价他说："文同画竹，早已胸有成竹了。"

北宋 běi sòng：中国古代的一个朝代名。

文同 wén tóng：人名，北宋有名的画家、诗人。

## 二、生词

1. **远近闻名** yuǎn jìn wén míng（成语）be known far and wide; be known to all, far and near

   名声传遍近的和远的地方，形容名气很大。

   例句：北京的故宫远近闻名，各国人民都知道。

2. **登门** dēng mén（动词）call at sb.'s house

   上门，到对方的住处。

   例句：非常感谢你的帮助，下次我再登门拜访。

3. **琢磨** zhuó mo（动词）turn sth. over in one's mind; ponder

   思考，研究。

   例句：我们要好好琢磨一下这个难题。

## 三、成语释义

胸有成竹 xiōng yǒu chéng zhú：胸，心里；成竹，完整的竹子。画竹前竹子的完美形象已在胸中。比喻处理事情之前已有完整的谋划打算。多含褒义。

## 四、例句

1. 对于这次考试，大家好好复习了，都表现得**胸有成竹**。

2. 我**胸有成竹**地告诉老师，这个问题我会解答。

3. 因为在开庭之前对这次案件做了充足的准备，原告律师**胸有成竹**，侃侃而谈。

## 五、句法功能

“胸有成竹”在句中一般作谓语、定语、状语。

## 六、课文理解

（一）课文填空。

1. 北宋的文同是一名＿＿＿＿＿＿，他画的＿＿＿＿＿＿远近闻名。

2. 文同经常观察家中竹林里竹子的＿＿＿＿＿＿，琢磨＿＿＿＿＿＿＿＿。

3. 文同每次画竹子都＿＿＿＿＿＿，画出的竹子＿＿＿＿＿＿＿＿。

（二）复述课文，用上下列词语。

北宋　　画家　　高手　　远近闻名　　登门求画

房前屋后　　观察　　琢磨　　从容　　逼真

## 七、练习

（一）用“胸有成竹”改写句子。

1. 你看他马上就要上赛场了，一点儿也不紧张，看起来就是准备了很久，那种自信的样子真让我羡慕。

2. 我认为我们必须提前准备好需要的材料，提前想好解决问题的思路，这样才能在汇报的时候表现得自信完美。

3. 在三分钟内画出一条栩栩如生的金鱼是个艰巨的任务。可是你看他现在非常自信镇定，那是因为平时他一直坚持观察金鱼，画什么、该怎么画早就在他心里了。

4. 只有认真准备，考试时才能有把握。

（二）用“胸有成竹”补充句子。

1. 他前几个月勤奋地练习游泳，每天都能在泳池看见他。所以他今天比赛……

2. 你看他……肯定已经为这次的考试做足了准备。

3. 他在自己的专业上不断思考，对自己提出的观点也一再论证，所以在大会上他……

4. 他看了我一眼……“听我的，准没错。”

（三）用“胸有成竹”造句。

# 第二十六课　覆水难收

## 一、成语故事

商朝末期，有个很有智慧的人，名叫姜尚，人称姜太公。他经常在小河边用不挂鱼饵的鱼钩假装钓鱼，希望引起周文王的关注。姜太公整天钓鱼，不管家里的事情，他的妻子马氏嫌他穷，不愿再和他共同生活，姜太公一再劝说，但马氏还是离开了他。

后来，姜太公终于得到了周文王的重用，立了大功，做了大官。马氏见他富贵了，后悔当初离开了他，便回去请求与他复合。姜太公已看透了马氏的为人，便把一盆水倒在地上，叫马氏把水收起来。马氏赶紧趴在地上取水，却只捡起了一些泥。于是姜太公对她说："你已离我而去，就好比倒在地上的水，再也收不回来了！"

专名

商朝 shāng cháo：中国历史上的第二个朝代。

姜太公 jiāng tài gōng：姜子牙，西周的开国功臣。

## 二、生词

1. **鱼饵** yú ěr（名词）bait; stosh

   钓鱼时装在鱼钩上吸引鱼来上钩的食物。

   例句：爷爷把鱼饵放在鱼钩上，往河里一扔，不一会儿就有鱼上钩了。

2. **嫌** xián（动词）dislike; mind; complain of

   厌恶，不满意。

   例句：小明总是嫌妈妈做的菜不好吃。

3. **趴** pā（动词）lie on one's stomach; drop; streek

   肚子向下卧在地上。

   例句：他趴在床上，用被子蒙住了头。

## 三、成语释义

覆水难收 fù shuǐ nán shōu：覆，倒。倒在地上的水难以收回。比喻事情已成定局，无法挽回。

## 四、例句

1. 说话之前，你可要想清楚了，一旦说出去就**覆水难收**了。

2. 这件事既然你已经做错了，**覆水难收**，就不要一直后悔了，还是吸取教训，避免以后再犯吧。

3. 你们之间已经**覆水难收**了，勉强维持夫妻关系也没有意义了。

## 五、句法功能

“覆水难收”一般在句中作谓语、宾语。

## 六、课文理解

（一）课文填空。

1. 商朝末期，有个足智多谋的人，名叫姜尚，人称________________________。

2. 姜太公经常在小河边，用______________钓鱼，希望以此______________。

（二）复述课文，用上下列词语。

智慧　　假装　　关注　　不管　　嫌　　离开　　重用
后悔　　请求　　趴

## 七、练习

（一）用“覆水难收”改写句子。

1. 这件事既然你已经做错了，无法挽回了，那就吸取教训，避免以后再犯。

2. 如果你们现在把离婚协议签了，那你俩的关系可就真的没有挽回的可能了，可千万不能把婚姻当作儿戏。

3. 他一整个学期都没有好好学习，上课不听讲，课后不做作业，成绩糟糕已经是确定的事儿了，现在后悔也没办法。

4. 如果你签了这份合同，就不能随意改变了，你就要离开这个公司了，你可千万要想清楚。

（二）用“覆水难收”补充句子。

1. 在说每一句话之前，一定要考虑清楚，因为说出去的话就像泼出去的水……

2. 公司亏损已成定局……

3. 两个人因为观念差别太大选了两条完全不同的路，成为对手，最终……

4. 这件事情结果已经定了……

（三）用“覆水难收”造句。

# 第二十七课　恍然大悟

## 一、成语故事

唐朝时期有个裴丞相，他十分爱好古物。当时有一个农民在耕田时挖到一个古铁器，上面有九个字："齐桓公会于葵邱岁铸。"当地县令就将这件古物献给裴丞相，喜欢古物的裴丞相视之为宝物。

有一天，裴丞相设宴聚会，大家围着看，纷纷赞美这件古宝。只有刘蜕认为那不是古宝，而是近代的赝品。裴丞相很不高兴，要刘蜕说出理由。刘蜕说："齐侯死后，谥号是'桓公'。葵邱之会时齐侯还健在，是不可能用谥号称呼的。"

裴丞相听了恍然大悟，命人击碎了"古物"。

专名

唐朝 táng cháo：中国古代的一个朝代名。

裴丞相 péi chéng xiàng：裴度，唐朝有名的丞相。

齐桓公 qí huán gōng：春秋时期齐国的国君。

葵丘 kuí qiū：地名，春秋时期齐国的一个地方。

刘蜕 liú tuì：人名，唐朝大臣。

## 二、生词

1. **赝品** yàn pǐn（名词）counterfeit; fake

   伪造的文物。

   例句：这幅字画很有可能是赝品。

2. **健在** jiàn zài（动词） (of a person of advanced age) be still living and in good health

   健康地活着（多指老年人）。

   例句：他的祖母仍然健在。

## 三、成语释义

恍然大悟 huǎng rán dà wù：恍然，猛然清醒的样子；悟，心里明白。形容一下子明白过来。指对某一事物突然明白、突然醒悟。

## 四、例句

1. 当小徐看到宝贝儿子被警察抱到眼前时，才**恍然大悟**：“光顾着打麻将，忘了儿子了！”

2. 他**恍然大悟**的样子，让我觉得他是真的明白这个道理了。

3. 看了她写的作文，小王才**恍然大悟**：“原来她没有妈妈。”

## 五、句法功能

“恍然大悟”一般在句中用作谓语、定语、状语。

## 六、课文理解

（一）课文填空。

1．裴丞相爱好______________。

2．刘蜕认为这是个赝品，因为“桓公”是齐侯的谥号，而当时齐侯还______________。

（二）复述课文，用上下列词语。

爱好　　农民　　挖到　　献给　　聚会　　赞美　　赝品

健在　　恍然大悟　　击碎

## 七、练习

（一）用“恍然大悟”改写句子。

1．我左思右想，想不出这道题到底该怎么解，经过老师的指导，我才立刻明白过来。

2．这道题我一直搞不懂，直到他列举出了生活中的一个例子，我才突然明白过来。

3．这几年我工作非常顺利，刚开始我只是以为自己幸运，听大家聊天后，我才突然明白过来，原来是小红一直在暗地里帮助我。

4．老师看了她的作文，才突然意识到，这几天她迟到是因为家里出了重大变故。

（二）用“恍然大悟”补充句子。

1．“这道题用新学的知识很快就解出来了！”听了同桌的话……

2．原来我们不理解这些事情，听了老师的讲解，我们才……

3．直到汽车发动，女儿才……知道爸爸要离开，马上“哇”地一声大哭。

4．阅读了无数作家的文章，我才……原来自由是最重要的。

（三）用“恍然大悟”造句，详细说说当时情景。

# 第二十八课　乐不思蜀

## 一、成语故事

三国时，蜀国开国皇帝刘备死后，他的儿子刘禅继承王位。刘禅碌碌无为，诸葛亮死后，蜀国被魏国所灭。刘禅投降后，魏国大将司马昭命令他全家离开蜀国，迁往魏国都城洛阳。之后，司马昭训斥了刘禅。被训斥的时候，刘禅很怕会被处死，没想到司马昭不仅没有杀他，还设宴招待他。宴会上有人表演蜀国的歌舞，蜀国官员看了都很伤心，流下了眼泪，只有刘禅却一直嬉笑。司马昭问刘禅："你还想不想蜀国？"刘禅说："我在这里很快乐，我不想蜀国！"

蜀国 shǔ guó：三国时期的一个国家。

刘备 liú bèi：三国时期蜀汉开国皇帝。

刘禅 liú shàn：刘备的儿子。

诸葛亮 zhū gě liàng：蜀国大臣。

魏国 wèi guó：三国时期的一个国家。

司马昭 sī mǎ zhāo：魏国大臣。

## 二、生词

1. **碌碌无为** lù lù wú wéi（成语）though seemingly always on the run, he accomplishes nothing; unsuccessful

   没有能力，没什么成就。

   例句：碌碌无为的一生不是我们想要的。

2. **嬉笑** xī xiào（动词）laughing and playing

   一边笑，一边闹。

   例句：他一回家就被嬉笑打闹的孩子包围了。

## 三、成语释义

乐不思蜀 lè bù sī shǔ：蜀后主刘禅甘心成为俘虏，不想着复国。比喻在新环境中得到乐趣，不再想回到原来的环境中去。

## 四、例句

1. 李明去香港旅游，第一天去坐了游轮，第二天去了迪士尼乐园，玩得**乐不思蜀**，都不想回家了。

2. 一些青少年很喜欢玩游戏，一进网吧便**乐不思蜀**，连续好几天都不回家，家长、老师都很担心。

3. 寄居在中国家庭的几位外国学生刚开始去的时候感到有点寂寞，主人就经常带他们出去玩。几天后，他们就适应了新环境，每天都高高兴兴，一副“**乐不思蜀**”的样子。

## 五、句法功能

“乐不思蜀”在句中一般用作谓语、定语，也可以用作补语。

## 六、课文理解

（一）回答问题。

1. 刘禅投降后，司马昭是怎么对待他的？
2. 刘禅看到蜀国的歌舞有什么感受？
3. 刘禅想不想蜀国？

（二）复述课文，用上下列词语。

继承　　碌碌无为　　投降　　训斥　　设宴　　歌舞
伤心　　嬉笑

## 七、练习

（一）用“乐不思蜀”改写句子。

1. 动物园里的两只小老虎趁着饲养员不注意就跑到了别的地方，那里有山有水，有其他小动物，两只小老虎玩得很开心，一点都不想回家。

2. 书店是一个让人一进来就不想离开的地方，人们可以在这里看很多书，感受读书的快乐，学到多方面知识。

3. 妈妈带小红去游乐园玩，小红玩得非常开心。下午，游乐园都要关门了，小红还不想回家。

4. 虽然这里风景优美、饭菜可口，但我们是来这里工作的，怎么能忘记家乡呢?

（二）用“乐不思蜀”补充句子。

1. 海鸥每年五月份就会离开青岛向北飞，但是今年7月份仍有很多海鸥不愿离开……

2. 小红去朋友家玩，那里有很多玩具，又有很多好吃的，到了晚上她也不想回家……

3. 大熊猫欢欢到了新地方后，感到很不适应，但饲养员精心挑选新鲜的竹叶，准备她喜欢吃的食物，时刻关心她，欢欢很快……

4. 每次放假，他都出去旅游，开学了也不想回家……

（三）你或者身边的人有没有“乐不思蜀”的经历？使用这个成语说一说。

# 第二十九课　杯弓蛇影

## 一、成语故事

很久以前有个叫乐广的人，他很有智慧，擅长用道理来说服人。一次，乐广的一个好朋友到他家喝酒聊天。喝到一半时，那位朋友突然脸色苍白，说自己不舒服，然后就回家去了。之后，过了一个多月，这位朋友都没有再去乐广家。乐广有点儿不放心，派人去探望。派去的人回来说那位朋友病了。原来上次他在乐广家喝酒时，看见酒杯里有条小蛇，很害怕，担心把蛇喝到肚子里，却又不好意思拒绝，回家后就生了病。乐广听了，心里很奇怪，酒杯里怎么会有蛇呢？于是，他走到上次喝酒的地方仔细看，当他看见墙上挂的弓时，立刻明白了，就派人去请那位朋友再来喝酒，说能治好他的病。朋友来了，乐广还是请他坐在上次坐的地方。那位朋友担心地朝酒杯里一看，酒杯里又有一条小蛇，顿时吓出一身冷汗。乐广指着墙上的弓笑着说："其实酒杯里没有什么蛇，这是墙上的弓的影子。"乐广把墙上的弓摘了下来，酒杯里的影子果然不见了。那位朋友立刻就不害怕了，病也就好了。

乐广 yuè guǎng：人名。

## 二、生词

1. **智慧** zhì huì（名词）wisdom; intelligence

   分析、判断、解决问题以及发明创造的能力。

   例句：小明的爸爸总是能解决生活中各种各样的问题，小明觉得爸爸是一个有智慧的人。

2. **顿时** dùn shí（副词）immediately; at once

   表示很快出现了一个新情况，变成另一种状态。

   例句：小河边来了十几个旅行的小学生，安静的村庄顿时就热闹起来了。

## 三、成语释义

杯弓蛇影 bēi gōng shé yǐng：原义是将映在酒杯里的弓影误认为蛇，后比喻因非常多疑而引起恐惧。多含贬义。

## 四、例句

1. 林林回家要经过一条很黑的小路，她每次经过这里，都会害怕。以后，只要看到黑影她就害怕，有点**杯弓蛇影**了。

2. 李红经常在角落躲起来吓唬小明，时间久了，小明看到拐角处有人影，就觉得有人要吓唬自己。这已经到了**杯弓蛇影**的地步了。

3. 有的人非常害怕生病，身体一不舒服就很着急，有一点点小毛病就马上去医院，简直是**杯弓蛇影**。

## 五、句法功能

“杯弓蛇影”在句中一般用作谓语、宾语、定语。

## 六、课文理解

（一）回答问题。

1. 乐广的朋友为什么不舒服？
2. 酒杯里真的有蛇吗？
3. 这位朋友的病是怎么治好的？

（二）复述课文，用上下列词语。

智慧　　朋友　　喝酒　　脸色苍白　　回家　　探望
病了　　小蛇　　害怕　　奇怪　　仔细　　明白　　冷汗
影子　　摘　　立刻

## 七、练习

（一）用“杯弓蛇影”改写句子。

1. 林红看到地震的新闻后就开始担心。她一听到外面有动静，就以为是地震了，每次都会吓出一身冷汗。

2. 小红总是担心同学们不喜欢她。她给同学们买了饮料，有的人没有喝，她就担心这些同学不喜欢她。每天总是有很多担心和害怕。

3. 王明吃面的时候在碗里发现了小虫子，他怀疑自己把不干净的东西都吃进了肚子，最后害怕得直接病倒了。

（二）用“杯弓蛇影”补充句子。

1. 王明的钱包在公交车上被偷了，后来……看到有人靠近他，就觉得这人是小偷。

2. 林红被路人骗过，所以现在只要看到路人跟她说话，心里就会害怕……

3. 小强有一次吃鱼的时候，喉咙被鱼刺卡住了，以后只要看到鱼就紧张……

（三）你或者身边的人有没有“杯弓蛇影”的经历？使用成语“杯弓蛇影”说一说。

# 第三十课　程门立雪

## 一、成语故事

宋朝的时候，有一个很有学问的人名叫杨时。他十分尊重老师，虚心好学。当时程颢和程颐兄弟俩是全国有名的大学问家，杨时放弃做官的机会，拜程颢和程颐为师，继续学习。有一次，杨时想要找老师请教一个问题，就约了同学游酢一起去程颐家里。但程颐先生正在睡午觉。杨时和游酢为了不打扰老师睡午觉，就站在门外等候。但这时天上下起了大雪。杨时和游酢两个人的鼻子冻得通红，但还是一动不动地站在门外。又过了两个小时，程颐终于醒了，此时杨时和游酢两个人都成了雪人。程颐知道后，赶紧让两个人进来，说："你们怎么不叫醒我呢？”杨时回答说：“您是老师，我们做学生的应该等。”

杨时 yáng shí：人名，宋朝有名的理学家。

程颢 chéng hào：人名，宋朝有名的理学家。

程颐 chéng yí：人名，宋朝有名的理学家。

游酢 yóu zuò：人名，程颢和程颐的弟子。

## 二、生词

1．**学问** xué wèn（名词）learning; knowledge

在学习和实践中得到的知识。

例句：他是个很有学问的人。

2．**一动不动** yí dòng bú dòng（成语）keep one's body unmoved

一点儿也没动。

例句：林红害怕把肩膀上的蝴蝶吓走，站在那儿一动不动。

## 三、成语释义

程门立雪 chéng mén lì xuě：指学生恭敬求教。比喻尊重老师，虚心好学。含褒义。

## 四、例句

1．作为学生，你应该**程门立雪**，虚心向老师求教，认真学习。

2. 为了能向高老师请教，王强**程门立雪**，在高老师的办公室门口一等就是一天，找到机会就跟着高老师学习。

3. 林华每天都认真学习，并主动向老师请教，有**程门立雪**的精神。

## 五、句法功能

“程门立雪”在句中一般用作定语、谓语。

## 六、课文理解

（一）回答问题。

1. 杨时为什么放弃做官？
2. 杨时和游酢要去老师家里干什么？
3. 杨时和游酢为什么一直站在门外？

（二）复述课文，用上下列词语。

有学问　尊重　放弃　请教　午觉　等候
下雪　一动不动　雪人

## 七、练习

（一）用“程门立雪”改写句子。

1. 小明为了不打扰李老师工作，在李老师的门口足足等了30分钟，直到李老师处理完工作，才进去请教问题。

2. 小红在中医馆当学徒，她经常在老师给病人看病的时候默默学习。下班后，她就一直等着，直到老师休息好，才向老师请教自己不懂的问题。

3．王强每天都向肖老师请教问题，如果肖老师在休息，王强就在门口一直等。时间久了，肖老师被他的精神打动了，收下了王强这个学生。

（二）用“程门立雪”补充句子。

1．小明想拜著名雕塑家杨英为师。他十分尊敬杨老师，经常虚心向杨老师请教……成了杨老师的学生。

2．艺术家在创作的时候都不希望被打扰，所以，你想去请教这位艺术家，就得……

3．小说中很常见的情节就是拜师的时候……最终感动了老师，被收入师门。

（三）你或者身边的人有没有遇到过“程门立雪”的事情？和同学们分享一下吧。

# 单元复习三（第二十一课—第三十课）

## 一、在下列格子中找出成语并写在横线上（25个）

| 狐 | 翁 | 自 | 掩 | 北 | 数 | 地 | 人 | 爱 | 无 |
|---|---|---|---|---|---|---|---|---|---|
| 塞 | 盾 | 失 | 矛 | 水 | 老 | 好 | 邯 | 此 | 乌 |
| 天 | 人 | 相 | 马 | 辕 | 中 | 生 | 屋 | 步 | 银 |
| 假 | 南 | 辙 | 充 | 马 | 耳 | 捞 | 取 | 百 | 抱 |
| 杞 | 威 | 滥 | 虎 | 三 | 识 | 四 | 月 | 及 | 三 |
| 好 | 忧 | 公 | 铃 | 竽 | 途 | 两 | 胸 | 貌 | 郸 |
| 画 | 叶 | 然 | 好 | 圆 | 暮 | 重 | 薪 | 收 | 水 |
| 蛇 | 龙 | 添 | 足 | 镜 | 先 | 以 | 大 | 学 | 成 |
| 门 | 乐 | 蛇 | 程 | 不 | 救 | 竹 | 覆 | 有 | 火 |
| 思 | 学 | 雪 | 弓 | 朝 | 蜀 | 影 | 杯 | 难 | 立 |
| 悟 | 三 | 破 | 言 | 恍 | 两 | 话 | 盗 | 语 | 成 |

________ ________ ________ ________ ________

________ ________ ________ ________ ________

________ ________ ________ ________ ________

________ ________ ________ ________ ________

________ ________ ________ ________ ________

## 二、选择合适的成语填空

| 此地无银三百两 | 杞人忧天 | 滥竽充数 | 破镜重圆 | 好好先生 | |
|---|---|---|---|---|---|
| 以貌取人 | 爱屋及乌 | 邯郸学步 | 抱薪救火 | 胸有成竹 | 覆水难收 |
| 恍然大悟 | 乐不思蜀 | 杯弓蛇影 | 程门立雪 | | |

1. 在我们的教师队伍中，即使只有1%的教师是__________，不能胜任教学工作，那么这部分教师所教的孩子也有100%不合格的可能。

2. 小林生气地说："对，我就是______________，怎么了？我喜欢穿衣整洁、有讲究的人，这有什么错吗？"

3. 吃川菜时如果觉得很辣，再喝热水无异于____________，这个时候喝牛奶是更好的解辣方法。

4. 这道题我想了很久都做不出来，经过老师指点，才______________，原来是用错了方法。

5. 我们在求学时要有______________的精神，要尊师重道，有问题应诚恳地向老师请教，虚心学习。

6. 他极力说这件事与他无关，脸却涨得通红，这真是______________。

7. 他曾想与她恢复夫妻关系，但情况复杂，最终还是无法______________。

8. 他爱西班牙到了______________的地步，只要你讲西班牙语，就可以成为他的朋友。

9. 只有充分了解背景知识，才能充满信心、____________地做决断。

10. 富裕的生活没有使她______________，反而使她更加怀

念自己的祖国、故乡和亲人。

11. 你这么聪明，复习得这么认真，还担心考试不及格，简直是______________。

12. 他是单位里有名的______________，和谁关系都好，从不拒绝别人的请求。

13. 学习外国经验，不能照搬照抄，______________，最终只会是连我们自己成功的经验都丢了。

14. 纠正错误不只是告诉他错在哪里，因为错误他已经犯了，______________，关键是要告诉他如何做才能避免下次再犯错。

15. 看清楚！那只是块石头，不是老鼠，别______________，自己吓自己。

## 三、用括号里的成语完成句子

1. 用心感受他人可贵的品质，才是明智的，只关注外表……（以貌取人）

2. 他深爱他的妻子，妻子喜欢养狗，他对狗也有了感情……（爱屋及乌）

3. 要学会发现自身优势，如果只是照搬他人的经验……（邯郸学步）

4. 他们俩吵架，你不劝，反而还加进去……（抱薪救火）

5. 考前充分复习，考试时才不会慌乱……（胸有成竹）

6. 说这话之前，你最好谨慎考虑，否则……（覆水难收）

7. 我一直在寻找答案，以为问题出在别人身上，直到有一天……（恍然大悟）

8. 这里的景色如此优美，我都不想回去了……（乐不思蜀）

9. 那次火灾之后，村民一听到孩子的叫声就以为又是哪一家失火了……（杯弓蛇影）

10. 那位青年为了学到知识，总是恭敬地向先生请教……（程门立雪）

# 第三十一课　对牛弹琴

## 一、成语故事

战国时期，有个叫公明仪的音乐家很会弹琴。有一天，天气晴朗，公明仪带着琴来到郊外，远处有一头黄牛正在吃草。公明仪摆好琴，拨动琴弦，对牛弹起琴来。听到这么优美的曲子，老黄牛一点儿反应也没有，只管低头吃草。公明仪以为老黄牛不喜欢听这首曲子，于是就换了一首。老黄牛还是低头吃草。公明仪将曲子换了一首又一首，老黄牛还是不理会。最后老黄牛吃饱了，竟然慢慢地走了。公明仪失望极了。人们安慰他说："不是你弹的曲子不好，而是你弹的曲子牛根本听不懂。"公明仪叹了口气，只好抱着琴回家去了。

公明仪 gōng míng yí：人名。战国时期著名的音乐家。

## 二、生词

1. **理会** lǐ huì（动词）take notice of

   对别人的话或者行为做出反应。

   例句：林红经常失约，现在无论她说什么，我都不想理会了。

2. **安慰** ān wèi（动词）comfort; console

   用言语或者动作帮别人减轻痛苦，变得平静。

   例句：在妈妈的安慰和鼓励下，考试失利的小明又找回了信心。

## 三、成语释义

对牛弹琴 duì niú tán qín：比喻对不讲道理的人讲道理，对不懂得美的人讲风雅，也用来讥讽人讲话时不看对象。含贬义。

## 四、例句

1. 老陈经常偷东西，警察抓住他后，无论怎么跟他讲道理，他都不听，和这样的人讲道理真是**对牛弹琴**。

2. 一些乐曲的调子特别好听，但是如果遇上对音乐没兴趣的人，不管你弹得多好，他也不会欣赏，这就叫作“**对牛弹琴**”。

3. 林林详细地对王强说了这件事，王强却没任何反应，林林感觉自己在**对牛弹琴**。

## 五、句法功能

“对牛弹琴”在句中一般用作谓语、宾语。

## 六、课文理解

（一）回答问题。

1. 公明仪去郊外做什么？
2. 老黄牛听了公明仪的曲子有反应吗？
3. 为什么老黄牛不理会公明仪？

（二）复述课文，用上下列词语。

弹琴　郊外　吃草　优美　以为　换　吃饱
失望　安慰　叹气

## 七、练习

（一）用“对牛弹琴”改写句子。

1. 他给同桌讲自己的事，讲完后，发现同桌根本没在听，他无奈地叹了口气，感觉自己白讲了。

2. 林林教弟弟做饭，一步步告诉弟弟怎么炒菜，最后却发现弟弟一直想着回去打游戏，连先放油都不记得。

3. 王强经常插队，有朋友提醒他，王强却说：“排队要等那么久，前面就插进去我一个人，也不影响什么。”朋友摇了摇头，感觉王强根本不懂什么叫尊重别人。

4. 孩子说什么，你都不能理解，他会觉得跟你说话像没说一样，慢慢地就不跟你聊天了。

（二）用“对牛弹琴”补充句子。

1. 老李听说朋友病倒了，赶紧劝朋友去医院，朋友却说“医生都是骗人的，忍忍就好了”，老李感觉……

2. 强强没有读过书，你对他讲文学作品，他肯定听不懂呀……

3. 刘红想和妈妈解释跟爸爸吵架的原因，妈妈却说：“不管因为什么，你都不能跟爸爸吵架。”刘红感觉……

4. 自从失业后，她就经常宅在家，不学习，也不看新闻。时间长了，朋友们和她说话……

（三）你或者身边的人有没有“对牛弹琴”的经历？用这个成语说一说当时的情景。

# 第三十二课　刻舟求剑

## 一、成语故事

楚国有个年轻人得到一把宝剑，十分珍爱，每天带在身上。这一天，他乘船过江，靠在船边，又开始欣赏他心爱的宝剑。忽然一个急浪打来，船身一晃，宝剑掉入水中。这个年轻人急得直跺脚，可是他又不敢马上跳下去捞。最后，他想了一下，从身上掏出一把小刀，在船帮上刻了一道痕迹。同船的人奇怪地问："你这是干什么？"年轻人解释说："这是我宝剑掉下去的地方，所以做个记号啊。"等船靠了岸，人们都下了船，这个年轻人却从刻了记号的地方跳下水去。原来，他想按着这个记号去寻找他的宝剑。同船人都哈哈大笑起来，人们说："剑已沉到江中，船在走，剑不会跟着船移动。凭着船上刻的记号去找宝剑，这不是糊涂吗！"

## 二、生词

1. **跺脚** duò jiǎo（动词）stamp one's foot

   脚用力踏地，表达着急、生气等情绪。

   例句：听说孩子生病了，她急得直跺脚。

2. **痕迹** hén jì（名词）mark; vestige

   指事物经过后，可以被观察到的印迹。

   例句：湖面上几只小船慢慢地划过，几乎不留一点儿痕迹。

## 三、成语释义

刻舟求剑 kè zhōu qiú jiàn：在船上刻记号来寻找失落水中的剑。比喻办事方法不对头，死守教条，拘泥成法，固执，不懂变通。多含有贬义。

## 四、例句

1. 历史就像河水一样前进。我们很难在不同时间遇到相同的问题，所以不能**刻舟求剑**，用相同的老办法解决新问题。

2. 读者的阅读要求会随着时代的变化而变化，如果报纸的内容和形式一直用老的形式，**刻舟求剑**，就会失去越来越多的读者。

3. 做学问如果不跟现实生活相联系，一直按老办法，不懂变通，就会犯**刻舟求剑**的错误，没有任何意义。

## 五、句法功能

“刻舟求剑”在句子中一般作谓语、定语或状语。

## 六、课文理解

（一）回答问题。

1．这个年轻人为什么要在船舷上刻一道痕迹？

2．年轻人通过“刻舟求剑”的办法能找到他心爱的宝剑吗？

（二）复述课文，用上下列词语。

宝剑　　欣赏　　掉　　跺脚　　不敢　　掏出　　刻

记号　　下船　　跳　　哈哈大笑　　移动　　糊涂

## 七、练习

（一）用“刻舟求剑”改写句子。

1．时代在发展，社会在变化，方法也要变，遇到问题要是只会像当年楚国的那个年轻人一样不顾流动的河流，只认船舷上的刀刻记号，那什么问题都解决不了。

2．不要把过去的经验和知识当成绝对的真理，要不断学习，不断成长，避免做那种不懂变通的人。

3．为什么办公室工作总是完成得不太好？细细分析，其实就是因为他们不考虑实际问题，总是一成不变，守着死办法工作，这是不行的。

（二）用“刻舟求剑”补充句子。

1．时代已经变了，你还按照老方法来办事……

2．如果我们遇到问题总是用旧办法……那么无论付出多少心血，问题也不可能顺利得到解决。

3．小波思想保守，不善于变化，总是……这次领导让他改进一个旧方案，这可难倒他了。

（三）你有没有遇到过“刻舟求剑”的事？和同伴说一说。

# 第三十三课　三顾茅庐

## 一、成语故事

官渡大战后，刘备想得到诸葛亮的辅佐，就和关羽、张飞带着礼物去南阳卧龙岗拜访奇才诸葛亮。谁知道诸葛亮刚好出游了，书童也说不准他什么时候回来，刘备只好回去了。过了几天，刘备和关羽、张飞冒着大雪又来到诸葛亮的家，刘备看见一个青年正在读书，急忙过去行礼，可是那个青年是诸葛亮的弟弟，他告诉刘备哥哥被朋友请走了。刘备非常失望，只好留下一封信，说渴望得到诸葛亮的帮助，平定天下。

转眼过了新年，刘备选了个好日子，又一次来到南阳卧龙岗，这次，诸葛亮正好在睡觉。刘备让关羽、张飞在门外等候，自己在台阶下静静地站

着。过了很长时间诸葛亮才醒来，刘备向他请教平定天下的办法。诸葛亮给刘备分析了天下的形势，刘备一听，非常佩服，请求他相助，诸葛亮答应了。那一年诸葛亮才27岁。

官渡大战 guān dù dà zhàn：三国时期有名的战争。

诸葛亮 zhū gě liàng：三国时期蜀国丞相。

关羽 guān yǔ：三国时期蜀国有名大将。

张飞 zhāng fēi：三国时期蜀国有名大将。

卧龙岗 wò lóng gǎng：南阳的一个地方。

## 二、生词

1. **辅佐** fǔ zuǒ（动词）assist a ruler in governing a country

   协助他人（多指政治上）。

   例句：每一位良臣都认真辅佐自己的君王。

2. **渴望** kě wàng（动词）desire; aspire to

   迫切地希望。

   例句：我渴望事业取得成功。

3. **平定** píng dìng（动词）pacify; put down

   消除叛乱。

   例句：政府调集了很多警察来平定这边的暴乱。

## 三、成语释义

三顾茅庐 sān gù máo lú：顾，拜访；茅庐，草房子。现在用

来比喻诚心实意地一再邀请、拜访有能力的人才。多含褒义。

## 四、例句

1. 为了让中文系更快更好地发展，系领导经常**三顾茅庐**，在全国甚至全世界寻找人才。

2. 本来这位工程师是不想来的，但是厂长**三顾茅庐**的诚意打动了他，他计划下个月就来厂里上班。

3. 有能力的人往往很难请，当年刘备**三顾茅庐**才请出了诸葛亮，看来我们也得费些功夫才能请到张教授。

## 五、句法功能

"三顾茅庐"在句中一般作谓语、定语、宾语。

## 六、课文理解

（一）回答问题。

1. 刘备拜访了诸葛亮几次才最终得到了他的帮助？
2. 分别说说刘备拜访诸葛亮的几次情况。

（二）复述课文，用上下列词语。

辅佐　拜访　出游　大雪　失望　睡觉　等候
请教　分析　请求　答应

## 七、练习

（一）用"三顾茅庐"改写句子。

1. 这个李飞到底有多大本事啊，你已经连续到他家里不少于三次了，他怎么到现在还是不同意加入咱们公司呢？

2. 我听说最近县长又跑去北京了，真的是想尽一切办法吸引青年人才回来建设家乡。

3. 他虽然很有才华，但是脾气很古怪，一般请不动他。看来我们得多跑几趟，要有真心和诚意，希望能打动他吧。

（二）用“三顾茅庐”补充句子。

1. 李教练是有名的长跑教练，这几年退休以后很少教学生了。为了得到他的指导，许多家长……

2. 公司领导……终于请到了著名的专家，公司未来的发展一定很好。

3. 张校长为了给学校寻求人才，经常……

（三）你身边有没有发生过“三顾茅庐”的故事？和同学们分享一下吧。

# 第三十四课　井底之蛙

## 一、成语故事

一只青蛙住在一口废井里，它高兴时在井里跳来跳去，天热了就在水中游上游下，觉得很快活。它每天都在唱："我是井的主人，多么自由快活。"

一天，正当它自得其乐的时候，忽然听见有声音在叫它。它抬起头向井口一看，看见一只大海龟的头，几乎遮去了井口上的半边天，只听见大海龟问它："青蛙老弟，你见过大海吗？""大海？有我的井大吗？海龟老兄，欢迎你下井来做客。"大海龟被他说动了心，真想下井去看看，可是，它左腿还没跨进井去，右腿的膝盖已经被井口绊住了。于是，大海龟只好趴在井口上告

诉青蛙，海有多大，多深，多广。青蛙这才知道，井外还有这么大的天地，它又惊奇又惭愧，觉得自己的见识太少了。

## 二、生词

1. **自得其乐** zì dé qí lè（成语）be content with one's lot; enjoy oneself
   自己能从中得到乐趣，形容很满足、快乐的样子。
   例句：别看他不富裕，可就是普通的一日三餐他也能自得其乐。
2. **遮** zhē（动词）cover; hide from view
   使人或物不显露。
   例句：楼房把院子里的阳光都遮住了。
3. **绊住** bàn zhù（动词）entangle; successfully hinder movement
   让对方没办法（从当前的地方或事情中）走开。
   例句：林林被树枝绊住了，直接摔在了地上。
4. **惭愧** cán kuì（形容词）ashamed
   因为自己的缺点或错误感到不安。
   例句：他发现自己做错事后，感到十分惭愧。

## 三、成语释义

井底之蛙 jǐng dǐ zhī wā：指井底的青蛙只能看到井口那么大的一块天，以为天只有井口那么大。比喻那些见识短浅的人。含贬义。

## 四、例句

1. **井底之蛙**永远只有自己头顶的那一片小小的天地，完全不了解外面还有更大更精彩的世界。

2. 自从考上大学，见到了大城市的繁华，我才发现自己原来只是一只**井底之蛙**，没见过的事物太多了。

3. 他总是待在家里，对外面的新鲜事物毫无了解，我不喜欢他这副**井底之蛙**的样子。

## 五、句法功能

“井底之蛙”在句中一般作主语、宾语、定语。

## 六、课文理解

（一）回答问题。

1. 青蛙在井里的生活快活吗？它知道井外面有更大的世界吗？

2. 大海龟为什么没能到井底去看看呢？

（二）复述课文，用上下列词语。

青蛙　废井　自由快活　自得其乐　叫　抬起头　大海龟　大海　做客　绊　天地　惊奇　惭愧　见识

## 七、练习

（一）用“井底之蛙”改写句子。

1. 人外有人，天外有天，世界很大，要不断尝试，千万不能做那种目光短浅、什么都没见过的人。

2. 我坐在这一群专家们中间，他们的谈话内容让我大开眼界，我才知道自己以前知道的太少，见到的太少了。

3. 为了不让自己落后，我们应该不断地用知识充实自己，积极地走出去，到外面的世界看一看。

（二）用“井底之蛙”补充句子。

1. 你不出去走走，就会以为身边的小天地就是全世界。多出去走走吧……

2. 刚来大城市的时候，我觉得自己……身边都是我没见过也没用过的新奇东西。

3. 搞学问最怕……有些人总是觉得自己所拥有的知识就是全部，一点儿也不愿意接受新鲜事物。

（三）你有没有过觉得自己是“井底之蛙”的时候？当时的情景是怎么样的呢？和同伴讲一讲吧。

# 第三十五课　负荆请罪

## 一、成语故事

战国时期，赵国的蔺相如为赵国立下了功劳，因此赵王提拔了他，职位比老将军廉颇高。廉颇也曾为赵国屡次立功，看见蔺相如官位比自己还高，很不服气。他到处说："我为赵国出生入死，而这个蔺相如，出身低微，只凭着他那三寸不烂之舌就能位于我之上，这实在让我难堪。以后，我再见到蔺相如，一定要当着大家的面羞辱他。"蔺相如听说以后，就处处躲开廉颇。

有一次，蔺相如坐车在大街上走，忽然看见廉颇的马车迎面而来，便赶紧命人躲开廉颇。蔺相如的随从们见他这样忍让，很不理解。蔺相如说："你们看，是秦王厉害还是廉颇厉害？"随从们

说："廉颇哪能跟秦王相比？"蔺相如说："人们都知道秦王厉害，但我连秦王都不怕，又怎么会怕廉将军呢？我之所以避免和廉将军发生冲突，是以国家利益为重啊。你们想，秦国之所以不敢侵犯赵国，就是因为赵国有我和廉将军两个人，如果我们两个人互相争斗，那就好比两只老虎相斗，必定会有一个受伤啊，这样赵国就危险了。我不与廉将军计较，是为了赵国啊。"后来，这些话传到廉颇那里，廉颇大为感动，他想到自己对蔺相如的言语和行为，深感羞愧。廉颇老将军脱光了上衣，背上荆条，亲自向蔺相如请罪，蔺相如连忙扶起老将军。从此以后，廉颇和蔺相如互相团结，一心为国，建立了深厚友情。当时的一些诸侯国听说此事后，都不敢侵犯赵国。

赵国 zhào guó：战国时期的一个诸侯国。

蔺相如 lìn xiàng rú：人名。战国时期赵国著名政治家、外交家。

廉颇 lián pō：人名。战国时期赵国著名将领。

## 二、生词

1. **屡次** lǚ cì（副词）time and again; repeatedly

   一次又一次。

   例句：他屡次犯同样的错误，确实应该被批评。

2. **出生入死** chū shēng rù sǐ（成语）go through fire and water; at the risk of one's life

形容冒着极大的危险，随时有死的可能。

例句：他们是出生入死的老朋友，别说是献血，就算是付出生命他也是愿意的。

3. **三寸不烂之舌** sān cùn bù làn zhī shé（成语）(have) a silver tongue; a glib tongue

形容能说会道，口才非常好。

例句：他有三寸不烂之舌，几乎没人能在辩论会上把他驳倒。

4. **难堪** nán kān（形容词）intolerable; unbearable

没办法忍受。

例句：被人这样笑话，他感到非常难堪。

5. **荆条** jīng tiáo（名词）twigs of the chaste tree

荆树的枝条，比较柔软。

例句：廉颇当年光着上身又背着荆条去向蔺相如道歉，实在令人佩服。

## 三、成语释义

负荆请罪 fù jīng qǐng zuì：负，背着；荆，荆条，古代用来抽打犯人的东西。负荆请罪意思是背着荆条，表示服罪。向当事人请罪，用于赔礼道歉的场合，表示主动向人认错赔罪。

## 四、例句

1. 如果一年后，公司还是没有好的发展，我一定**负荆请罪**，当面向大家道歉。

2. 其实前几天的事情我对你说谎了，现在抱着**负荆请罪**的心情来和你道歉，你还能原谅我吗？

3. 虽然这次公司的损失由他引起，但他能**负荆请罪**、诚恳认错，大家就原谅他吧。

## 五、句法功能

“负荆请罪”在句中一般作谓语、定语。

## 六、课文理解

（一）回答问题。

1. 为什么廉颇将军说要在见到蔺相如的时候羞辱他？
2. 蔺相如真的是因为害怕廉颇将军才处处躲着他的吗？

（二）复述课文，用上下列词语。

功劳　提拔　职位　立功　不服气　出生入死
三寸不烂之舌　难堪　羞辱　躲开　忍让　厉害
不怕　避免　国家利益　计较　羞愧　荆条
请罪　扶起　深厚

## 七、练习

（一）用“负荆请罪”改写句子。

1. 犹豫了一整天，李明还是决定勇敢地向老师承认自己考试作弊的行为，并且真心实意地向老师和同学们道歉。

2. 我的误会让你受了很大的委屈，今天我特地来向你道歉，希望你能够原谅我。

3. 我很喜欢他真诚的样子，比如说有时候他犯了什么错，一

定会立刻主动认错，当面道歉解决问题。

（二）用“负荆请罪”补充句子。

1．这次比赛，我的失误导致全班输了，我应该……

2．犯错了要……这样才能得到别人的原谅。

3．廉颇作为赵国的大将军都能……知错就改，你弄坏了小丽的眼镜，向她道个歉有什么不好意思的呢？

（三）你有没有遇到过“负荆请罪”的事呢？和同伴讲一讲吧。

# 第三十六课　囫囵吞枣

## 一、成语故事

从前，有个人向一位老医生请教，吃什么水果对身体最有益。老医生对他说："水果各有各的特性，每种水果对人的身体都有益处，但吃多了，也会带来害处。比如说，吃梨对牙齿有好处，但吃多了，就会损伤脾胃。枣呢，对脾有滋补作用，但吃多了，对牙齿又不利。所以吃什么东西都要适量。"这个人摇头晃脑地说："这很简单啊！吃梨，只嚼不咽，就不会伤胃了；吃枣时只咽不嚼，就不会伤牙了！"

老医生听了，忍不住笑道："你这个方法不好。吃梨只嚼不咽倒还可以做到；吃枣不嚼而咽，却很难。而且你那样吞下去，要是卡住了就太危险了！"

## 二、生词

1. **损伤** sǔn shāng（动词）harm; damage; injure; hurt

损害；伤害。

例句：你这样锻炼会造成肩膀肌肉损伤。

2. **脾胃** pí wèi（名词）spleen and stomach

身体的器官。

例句：脾胃好了，人的整个消化吸收就好了。

3. **滋补** zī bǔ（动词）nourish; tonic

给身体补充养分。

例句：你这段时间太劳累了，喝点鸡汤滋补一下身体。

4. **摇头晃脑** yáo tóu huàng nǎo（成语）wag one's head; look pleased with oneself

形容自己感觉很有乐趣或很得意的样子。

例句：老先生带着我们摇头晃脑地读古诗。

5. **嚼** jiáo（动词）chew; masticate

用牙齿磨碎食物。

例句：这个东西不好消化，你要好好嚼一嚼。

6. **咽** yàn（动词）swallow; injest; gulp down

吞食。

例句：这块饼干太硬了，难以下咽。

## 三、成语释义

囫囵吞枣 hú lún tūn zǎo：囫囵，整个，完整地。原指把枣整个咽下去，不加咀嚼，不辨滋味。比喻读书等不加分析地笼统接受。含贬义。

## 四、例句

1. 因为时间急，我拿起书只是**囫囵吞枣**地看了一遍。

2. 这个小孩吃西瓜不吐籽，大部分都**囫囵吞枣**地咽下去了，这样对消化不好。

3. 学习外国先进文化，不能**囫囵吞枣**，而是要注意消化吸收。

## 五、句法功能

"囫囵吞枣"在句子中可作谓语、宾语、状语。

## 六、课文理解

（一）回答问题。

1. 吃梨有什么好处和坏处？
2. 吃枣有什么好处和坏处？
3. 这个人想出了什么好办法来避免吃梨和吃枣的坏处？

（二）复述故事，用上下列词语。

请教　水果　特性　害处　梨　牙齿　脾胃
枣　滋补　牙齿　适量　摇头晃脑　只嚼不咽
只咽不嚼　卡住

## 七、练习

（一）用"囫囵吞枣"改写句子。

1. 他以前吃饭很快，大口大口吞下去，结果最近肠胃出了问题。

2. 这本书非常有价值，值得你慢慢品味，如果你一目十行粗略地读，一点作用都没有。

3. 现在很多人靠手机来阅读信息，但往往整体读下去，不加思考，不加分析，看了很快就忘了。

4. 学习别人的好方法，要思考后选择适合自己的，如果全搬过来，全部学，反而不一定有用。

（二）用“囫囵吞枣”补充句子。

1. 吃东西要慢慢消化，读书也要慢慢思考，仔细分析，不能……

2. 鲨鱼虽然有血盆大口，但是想……地吞下这条鲸鱼，也是有困难的。

3. 学习知识绝不能……而是要善于思考和分析。

4. 产品说明书很重要，要精读，不能……否则你无法充分了解产品的使用方法和功能。

（三）用“囫囵吞枣”说个句子。

# 第三十七课 名落孙山

## 一、成语故事

宋朝时，有一个名叫孙山的才子，他为人幽默，很善于说笑话。有一次，他和一个同乡一起去京城参加举人考试。放榜的时候，孙山是录取榜的最后一名，而那位同乡却没有考上。

不久，孙山先回到家里，同乡的父亲来问他自己的儿子有没有考上。孙山既不好意思直说，又不便隐瞒，于是就随口念出："解名尽处是孙山，贤郎更在孙山外。"解名就是考取的举人。他的意思是说："举人榜上的最后一名是我孙山，而你儿子的名字却还在我孙山的后面。"意思就是没有考中。

孙山 sūn shān：人名。

举人 jǔ rén：中国古代地方科举考试中考取的人。

## 二、生词

1. **幽默** yōu mò（形容词）humorous

   形容有趣、可爱而且意味深长。

   例句：他是一个幽默的人。

2. **隐瞒** yǐn mán（动词）conceal

   掩盖真相不让人知道。

   例句：你不能隐瞒事实，还是要说清楚。

## 三、成语释义

名落孙山 míng luò sūn shān：指名字落在榜末孙山的后面，比喻考试或选拔没有被录取。含贬义。

## 四、例句

1. 他前年考大学**名落孙山**，已经开始务农了。

2. 全国组织了产品调查并进行了评比。赛后，一些“**名落孙山**”的工厂积极采取方法以提高产品质量。

3. 他之前训练时成绩一直不错，这次运动会却**名落孙山**。

## 五、句法功能

“名落孙山”在句中一般作谓语、定语、补语。

## 六、课文理解

（一）课文填空。

1．孙山和同乡一起去______________。

2．孙山考中了，但是他的同乡没考中，孙山告诉同乡的父亲：______________。

（二）复述课文，用上下列词语。

幽默　考试　放榜　最后一名　直说　隐瞒
随口　解名

## 七、练习

（一）用“名落孙山”改写句子。

1．他平时成绩很好，但每次参加比赛都因为紧张而被淘汰。

2．他连续几年参加高考都没考上大学。

3．这次选举中被选上的人大多都是经商的大老板，知名学者都没被选上，太不公平了。

4．这次亚运会，他因为膝盖受伤而没有跑出好成绩，最终没有进入决赛。

（二）用“名落孙山”补充句子。

1．这次取得了好成绩，但不要骄傲，否则下次……

2．他连续三年高考都……但他仍然没有放弃，终于在第四年考上了大学。

3．这次比赛，小李太紧张了，差点……

4. 近来，在全国同行业评比中，这种牌子的手表全部……看来厂家要想办法改进技术、提高质量了。

（三）用“名落孙山”说个句子，详细说说事情发生的情景。

# 第三十八课　班门弄斧

## 一、成语故事

鲁班是春秋时期鲁国人，他很擅长制作精巧器具，人们叫他“巧匠”，民间历来把他称为“木匠的始祖”。

有一天，一个年轻的木匠漫不经心地走到一座房子的大红门前，举起自己手里的斧头说：“我这把斧头，不管是什么木料，只要到了我的手里，都会做出漂亮无比的东西来。”旁边的人听了，觉得他说大话，就指着身后的大红门说：“小师傅，那你能做出比这扇门更好的门吗？”年轻的木匠傲慢地说：“不是我吹牛，告诉你们，我曾经当过鲁班的学生，难道还做不出这样一扇简单的大门来吗？”众人听了，忍不住大笑起来，说：“这就是鲁班先生的家，这扇门就是他亲手做的，你真的能做出比这扇门更好的门吗？”那位木匠一听，不好意思地跑掉了。

鲁班 lǔ bān：人名。姓姬，氏为公输，名班，人称公输盘、公输般、班输，又称鲁盘或者鲁般，惯称鲁班。中国古代春秋时期鲁国人。

鲁国 lǔ guó：先秦时期的一个诸侯国。

## 二、生词

1. **木匠** mù jiàng（名词）carpenter

   木工。

   例句：他的爸爸是个有名的木匠。

2. **始祖** shǐ zǔ（名词）first ancestor

   最初的祖先。

   例句：鲁班是木匠的始祖。

3. **漫不经心** màn bù jīng xīn（形容词）casualness

   比如做事随随便便，不放在心上。

   例句：你看着他漫不经心地在走路，其实他在思考事情。

4. **傲慢** ào màn（形容词）arrogant

   看不起人，对人没有礼貌。

   例句：他对人很傲慢，大家不喜欢他。

## 三、成语释义

班门弄斧 bān mén nòng fǔ：意思是在鲁班门前舞弄斧子。比喻在行家面前卖弄本领，不自量力。含贬义。

## 四、例句

1. 我旁边坐着一个著名画家，我觉得我在这里谈画画，简直是**班门弄斧**。

2. 我知道的很有限，我不敢在你面前**班门弄斧**。

3. 年轻人总是担心在专家面前“**班门弄斧**”，不敢提出自己的观点，不敢创新，这样就不能促进学术发展。

## 五、句法功能

“班门弄斧”在句中作谓语、定语、状语、宾语。

## 六、课文理解

（一）回答问题。

1. 鲁班是什么人？
2. 故事中的年轻木匠夸口说什么？
3. 当别人说旁边的门就是鲁班的门，这个木匠有什么反应？

（二）复述课文，用上下列词语。

擅长　　始祖　　木匠　　漫不经心　　斧头　　漂亮无比
傲慢　　大笑　　亲手　　不好意思

## 七、练习

（一）用“班门弄斧”改写句子。

1. 你尊敬老学者是对的，不过总是担心自己说得不好，不敢说出自己的观点，也不好。

2. 下面坐的都是舞蹈专家，我在这里讲怎么跳舞，感觉有点不好意思。

3. 他是老干部，我不敢在这里卖弄，还是谦虚学习吧。

4. 他才刚学了几天魔术，就在这里表演，炫耀自己，他不知道下面坐的都是魔术大师吗？

（二）用“班门弄斧”补充句子。

1. 对文学我是外行，在你面前谈文学，我……

2. 让我这样一个外行来点评大师的画作……

3. 你是厨师，最擅长做菜，我……

4. 我觉得自己好可笑，竟然……

（三）用“班门弄斧”说个句子，详细说说当时的情景。

# 第三十九课 闻鸡起舞

## 一、成语故事

西晋末年，北方少数民族占领了中原一些地区，当朝皇帝只顾自己享乐，老百姓生活得十分辛苦。有个叫祖逖的人，他有一个好友叫刘琨。他们住在一起，经常讨论国家大事，两人志同道合，都希望练好本领，为国家出力。

有一天，天刚蒙蒙亮，公鸡才叫了一声，祖逖就醒了，他赶忙推了推刘琨，说："你听到鸡叫声了吗？"刘琨细听了一会，说："是啊，是鸡在叫。不过，半夜的鸡叫声可不吉利啊！"祖逖一边起身，一边反对说："这不是不吉利的声音，这鸡叫可以提醒我们早点儿起床，我们不如以后听到鸡叫就起床练剑，怎么样？”刘琨欣然同意，跟着穿衣起床。这时，天微微有些亮光，四周静悄悄的，两人来到院子里，开始拔剑对舞。

就这样，他们每天一听到公鸡叫就起床练剑，从不间断。功夫不负有心人，经过长期的刻苦练习，他们终于成为能文能武的全才，成为抗击敌人、保卫国家的大英雄。

西晋 xī jìn：中国古代的一个朝代。

祖逖 zǔ tì：人名。

刘琨 liú kūn：人名。

## 二、生词

1. **志同道合** zhì tóng dào hé（成语）be in the same camp

   志向相同，道路一致。形容彼此理想、志趣相合。

   例句：他们一直都志同道合，十分要好。

2. **能文能武** néng wén néng wǔ（成语）can compose and perform military exercises

   既有文才，又通武艺。指既能动笔又有实际工作能力。

   例句：他是一个既擅长演讲，又爱好运动的能文能武的优秀学生。

## 三、成语释义

闻鸡起舞 wén jī qǐ wǔ：闻，听到；舞，指舞剑习武。原意为听到鸡啼就起来舞剑。后来比喻奋发向上、坚持不懈的精神。含褒义。

## 四、例句

1. 退休后，她每天早睡早起，**闻鸡起舞**，去公园跑步，身体和精神状态都很好。

2. 他从小学习刻苦，**闻鸡起舞**，又加上聪明，所以取得了很好的成就。

3. 早起的感觉很好，闹钟刚响，我就**闻鸡起舞**，开始读英语了。

## 五、句法功能

“闻鸡起舞”在句中一般作谓语。

## 六、课文理解

（一）回答问题。

1. 祖逖听到鸡叫，做了什么事？

2. 刘琨醒来后说了什么？

3. 两个人后来每天都做什么？最后他们俩取得了什么样的成绩？

（二）复述课文，用上下列词语。

享乐　　辛苦　　志同道合　　本领　　鸡叫　　不吉利
提醒　　练剑　　静悄悄　　每天　　从不间断
功夫不负有心人　　能文能武　　英雄

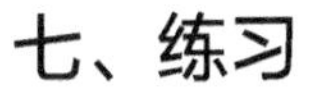

## 七、练习

（一）用“闻鸡起舞”改写句子。

1．她为了提高英语成绩，每天早起练习英语，最后终于通过了英语六级考试。

2．爸爸从小热爱运动，每天早早起来运动，坚持了很多年，现在身体非常好。

3．跟这样一群积极上进的人在一起，我也开始每天早睡早起，努力学习。

4．他每天早起练习，下班也刻苦练习，终于在一年时间内，书法有了很大进步。

（二）用“闻鸡起舞”补充句子。

1．爸爸每天早上都早早起来锻炼，他也希望孩子跟他一样……

2．来到这家外企，为了更好地熟悉业务，我……苦练专业知识。

3．我从小就热爱武术，每天……

4．……是说一个人做事很努力，有恒心。

（三）用“闻鸡起舞”造句。

# 第四十课　愚公移山

## 一、成语故事

在太行、王屋两座高山的下面，住着一个名叫愚公的人，年纪快到90岁了。因为大山阻挡，愚公出来进去都要绕道，于是就召集全家人商量说："我跟你们尽力挖平这两座大山，让道路通达，好吗？"大家纷纷表示赞同。他的妻子说："凭你的力气，连小山都不能铲平，能把太行、王屋这两座大山怎么样呢？再说，往哪儿放挖下来的土和石头？"众人说："把它扔到渤海的边上。"于是愚公率领儿孙中能挑担子的三个人上了山，凿石头，挖土，一筐一筐运送到渤海边。邻居的寡妇和孤儿都来帮助他们。冬夏换季，才能往返一次。

河曲的智叟嘲笑愚公说："你简直太愚蠢了！

就凭你，这么大的年纪，剩下的力气连山上的一棵草都动不了，又能把泥土、石头怎么样呢？”北山愚公长叹说：“你的思想真顽固，连孤儿寡妇都比不上。即使我死了，还有儿子在呀；儿子又生孙子，孙子又生儿子；儿子又有儿子，儿子又有孙子；子子孙孙无穷无尽，可是山却不会增高加大，还怕挖不平吗？”河曲智叟无话可答。

山神听说了这件事，怕他没完没了地挖下去，便向天帝报告了。天帝被愚公的诚心感动了，命令大力神背走了那两座山。

太行 tài háng：中国山名。

王屋 wáng wū：中国山名。

愚公 yú gōng：人名。愚蠢的老头。这里是反义。

渤海 bó hǎi：中国大海名。

河曲 hé qǔ：地名。在中国山西省境内。

智叟 zhì sǒu：人名。智慧的老人。这里是反义。

## 二、生词

1. **铲** chǎn（动词）shovel

   用铲子清除。

   例句：你能铲平这座山吗？

2. **凿** záo（动词）chisel

   打洞，挖掘。

   例句：你要用工具凿石头。

3. 筐 kuāng（名词）basket

装东西的器具。

例句：你把这些水果一筐一筐搬走吧。

## 三、成语释义

愚公移山 yú gōng yí shān：形容坚持不懈地改造自然和坚定不移地进行斗争。比喻努力不懈，不畏艰难，自能成事。含有褒义。

## 四、例句

1. 我们要发扬**愚公移山**的精神，不怕困难，勇于坚持。
2. 开发这个山区，要有**愚公移山**之志。
3. 我们要以**愚公移山**的精神长期奋斗，一定能够治理沙尘暴。

## 五、句法成分

“愚公移山”在句子中可作主语、定语等。

## 六、课文理解

（一）回答问题。

1. 愚公为什么要移山？
2. 愚公的妻子有什么疑问？
3. 智叟嘲笑愚公什么？

（二）复述课文，用上下列词语。

年纪　绕道　商量　挖平　赞同　铲平　扔到
往返　嘲笑　愚蠢　顽固　子子孙孙　无话可答
感动　命令

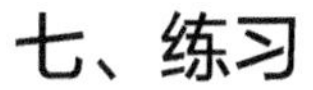

## 七、练习

（一）用“愚公移山”改写句子。

1. 这个地方原先条件非常恶劣，但是他带领大家，长期坚持，艰苦奋斗，最终把这里建设得非常好。

2. 学习也是一项艰苦的事情，需要我们长期坚持，不断努力。

3. 这个项目需要花费很长时间，而且要大家长期坚持，克服困难，大家要有这种精神。

4. 做事情的过程中，需要长期坚持，不怕困难，也需要你找对方法，两方面都不能缺。

（二）用“愚公移山”补充句子。

1. 保护地球，绿化环境，需要每一代人的不断努力、长期坚持，需要发扬……

2. ……表现了人们长期坚持、不断奋斗的勇气，是毛泽东主席大力倡导的。

3. 公司领导说：“完成这个大项目，需要公司每个员工长期努力，团结奋斗。大家要……”

4. 如果你能长期坚持，发扬……而且方法又对，一定能成功。

（三）用“愚公移山”造句，详细说说事情发生的情景。

# 单元复习四（第三十一课—第四十课）

## 一、从下列格子中找出成语并写在横线上（20个）

| 邯 | 成 | 班 | 三 | 名 | 程 | 乐 | 杯 | 闻 | 井 |
|---|---|---|---|---|---|---|---|---|---|
| 抱 | 恍 | 顾 | 门 | 落 | 不 | 门 | 弓 | 底 | 鸡 |
| 学 | 然 | 弄 | 茅 | 庐 | 思 | 刻 | 立 | 蛇 | 影 |
| 步 | 薪 | 大 | 斧 | 孙 | 蜀 | 雪 | 舟 | 起 | 之 |
| 以 | 救 | 悟 | 胸 | 及 | 山 | 难 | 舞 | 求 | 蛙 |
| 负 | 貌 | 火 | 有 | 乌 | 郸 | 收 | 囫 | 剑 | 公 |
| 取 | 荆 | 爱 | 屋 | 覆 | 竹 | 弹 | 愚 | 囵 | 移 |
| 人 | 请 | 罪 | 对 | 牛 | 水 | 琴 | 吞 | 枣 | 山 |

________ ________ ________ ________ ________

________ ________ ________ ________ ________

________ ________ ________ ________ ________

________ ________ ________ ________ ________

## 二、用学过的成语填空

| 乐不思蜀 | 闻鸡起舞 | 恍然大悟 | 程门立雪 | 囫囵吞枣 | 爱屋及乌 |
|---|---|---|---|---|---|
| 胸有成竹 | 愚公移山 | 班门弄斧 | 对牛弹琴 | 负荆请罪 | 滥竽充数 |
| 名落孙山 | 以貌取人 | 覆水难收 | 杯弓蛇影 | 抱薪救火 | |

1. 南方的夏天又热又潮湿，蚊子特别多，小王每天都会被咬

几十个包。后来，只要看到宿舍墙上有小黑点，小王就害怕了，以为是蚊子，几乎到了______________的地步。

2. 在学习经验分享会上，小明把在学习汉语过程中遇到的各种困难比喻成一座座高山，表示一定要坚持努力，不怕困难，以______________的精神学习好汉语。

3. 在座的各位对书法都很有研究，而我只是一个学习书法不到半年的初学者，我在这里展示作品完全就是______________，还请各位多多指教。

4. 如果生病了，就去看医生，不要自己乱吃药，不然的话，吃了错的药，病反而更重了，这不就是______________吗？

5. 小李不喜欢看爱情电影，也不了解这方面的电影，你跟他讨论爱情电影，这完全就是______________啊。

6. 他每次来到书店，都感觉安静愉悦，不想离开，______________。

7. 其实我的艺术水准还很不够，观众给我热烈的掌声，是因为大家喜爱我的老师，______________，也就喜欢我了。

8. 朋友找他借钱，他爽快地答应了。然而，他回家之后才发现，自己根本没有那么多钱，可是话已经说出去了，______________。

9. 在展览会上，人们对展品感到十分新奇，不知道它们是怎么做出来的。在听了志愿者的讲解后，人们才______________，原来这次的展品是用高科技制成的。

10. 他每次汇报都会准备得很好，所以会表现得______________。

11. 小周为了学到知识，总是恭敬地向老师请教，有______________的精神。

12. 我的误会让你受了很大的委屈，现在真相大白，事情都解决了，我特地来______________，请求你的原谅。

13. 因为遭到评委的质疑，爱因斯坦在评选诺贝尔（Nobel）物理学奖时一直没有成功，连续几年______________，16年后才成功获得该奖项。

14. 虽然我小时候背了不少古诗，但当时只是__________地背了下来，并没有深入理解，长大之后才慢慢明白了诗人想表达的意思。

15. 面对考试，与其希望老师出题简单，不如每天早起学习，______________，坚持认真复习，这样，我们才能真正学到知识。

## 三、用给出的成语补充对话

1. A：听说她去度假了，回来了吗？

   B：________________________。（乐不思蜀）

2. A：这次项目失败，主要是丁伟的原因吧？

   B：________________________。（负荆请罪）

3. A：你今天的发言怎么样？

   B：________________________。（班门弄斧）

4. A：听说小王坐飞机去北京学书法了？

   B：________________________。（程门立雪）

5. A：这本书你以前看过了，怎么样？

   B：________________________。（囫囵吞枣）

6. A：你妹妹今年考上大学了吗？

   B：________________________。（名落孙山）

7. A：你劝小林不要换工作，他听了吗？

B：________________________。（对牛弹琴）

8．A：听说小王最近在学跳舞。

B：________________________。（闻鸡起舞）

9．A：我头又开始痛了，我可能得大病了。

B：__________________________。（杯弓蛇影）

10．A：治理沙尘暴不是一项简单的任务。

B：__________________________。（愚公移山）

# 总复习

## 一、改正下列成语中的错字

1. 拨苗助长（　） 2. 守株侍兔（　） 3. 画龙点晴（　）
4. 盲人摸像（　） 5. 赛翁失马（　） 6. 杞人优天（　）
7. 南辕北撤（　） 8. 滥芋充数（　） 9. 破境重圆（　）
10. 爱巫及乌（　） 11. 抱新救火（　） 12. 履水难收（　）
13. 刻舟求箭（　） 14. 三顾矛庐（　） 15. 自相茅盾（　）
16. 负刑请罪（　） 17. 程门力雪（　） 18. 搬门弄斧（　）
19. 此地无银三百俩（　）

## 二、将下列成语与成语故事相关的人物连线

| | |
|---|---|
| 1. 乐不思蜀 | 司马徽 |
| 2. 三顾茅庐 | 张僧繇 |
| 3. 滥竽充数 | 文同 |
| 4. 负荆请罪 | 刘禅 |
| 5. 胸有成竹 | 齐宣王、南郭先生 |
| 6. 好好先生 | 鲁班 |
| 7. 画龙点睛 | 廉颇、蔺相如 |
| 8. 闻鸡起舞 | 刘备、诸葛亮 |
| 9. 班门弄斧 | 祖逖、刘琨 |

## 三、判断下列句子的成语使用是否正确，正确的在括号内填“√”，错误的填“×”

1. 只会守株待兔的人常常失败，懂得把握机会的人方能成功。（　　）

2. 我们虽然缺乏管理经验，但可以向先进企业邯郸学步，一定能走出自己的路来。（　　）

3. 我们是老朋友，尽管闹翻过一次，最后还是破镜重圆了。（　　）

4. 她热爱旅行，不管多远的地方都愿意三顾茅庐。（　　）

5. 他成绩这么好却名落孙山，真是让人意外。（　　）

## 四、选出下列成语使用不恰当的一项

1.（　　）

A. 不懂的问题一定要弄明白才行，不能**囫囵吞枣**。

B. 这道题经过老师的讲解，我才**恍然大悟**了答案。

C. 他虽然长相普通，但是很有才华，你不能**以貌取人**。

D. 趁着现在犯错带来的后果还不算太严重，你应当**亡羊补牢**，尽快采取补救措施以减少损失。

2.（　　）

A. 哼！他以为有个当总经理的岳父，就能够**狐假虎威**地乱欺负人?

B. 这次考试成绩虽然不理想，但孩子能从中总结教训，下次再接再厉，也算是**塞翁失马**吧。

C. 警察们在这里守了整整两天，却如**水中捞月**，什么也没找到。

D. 我俩考虑问题时，他习惯从大的方面开始，我总是从具体方法入手，虽然**南辕北辙**，但总能达成一致。

3.（　　）

A. 他刚刚说去看电影了，现在又说今晚一直待在家，显然是**自相矛盾**。

B. 没有你**画蛇添足**的一笔，这幅画还真一般。

C. 我们做事情要有目标，不要**朝三暮四**，乱订计划，这样往往一事无成。

D. 我根本不懂油画，害你浪费这么多时间来**对牛弹琴**，真是抱歉。

## 五、解释下列成语的语素意义，并把正确释义的序号写在后面括号中

1. 掩耳盗铃　掩：__________。（　　）
2. 亡羊补牢　亡：__________。（　　）
3. 叶公好龙　好：__________。（　　）
4. 朝三暮四　朝：__________。暮：__________。（　　）
5. 狐假虎威　假：__________。（　　）
6. 爱屋及乌　及：__________。（　　）
7. 抱薪救火　薪：__________。（　　）
8. 杞人忧天　忧：__________。（　　）
9. 滥竽充数　滥：__________。（　　）
10. 覆水难收　覆：__________。（　　）
11. 恍然大悟　悟：__________。（　　）
12. 三顾茅庐　顾：__________。（　　）
13. 负荆请罪　负：__________。（　　）

A. 比喻诚心实意地一再邀请、拜访有能力的人才。

B. 指玩弄手法欺骗人。后用来比喻常常改变，反复无常。

C. 偷铃铛怕别人听见而捂住自己的耳朵。比喻自己欺骗自己，明明掩盖不住的事情偏要想办法掩盖。

D. 抱着柴火去救火。比喻解决问题的方法不对，反而使后果更严重了。

E. 丢了羊之后修补羊圈，还不算晚。比喻受了损失后及时补救，可以防止再受损失。

F. 背着荆条，表示服罪。表示主动向人认错赔罪。

G. 形容表面上爱好某种事物，实际上并不真正喜欢它，甚至害怕它。

H. 比喻爱一个人而连带地关心与他有关的人或物。

I. 没有本领的人冒充有本领，占着位置，或拿次的东西混在好的里面充数。

J. 狐狸借着老虎的威势吓唬其他动物。比喻凭借别人的权力吓唬、欺压人。

K. 指对某一事物突然明白、突然醒悟。

L. 杞国人担心天塌下来。指没有必要的担心。

M. 倒在地上的水难以收回。比喻事情已成定局，无法挽回。

## 六、用括号内的成语补充对话

1. A：这篇文章该怎么读呢？

   B：________________________________。（囫囵吞枣）

2. A：你今天给大家分享一下你的学习经验吧！

   B：________________________________。（班门弄斧）

3. A：你在跟他谈电影吗？
   B：______________________________。（对牛弹琴）
4. A：这次公司亏损跟他有很大的关系。
   B：______________________________。（负荆请罪）
5. A：现在公司很缺人，领导准备怎么办呢？
   B：______________________________。（三顾茅庐）
6. A：你再劝劝她，能不能不离婚？
   B：______________________________。（覆水难收）
7. A：这篇散文写得怎么样？
   B：______________________________。（画龙点睛）
8. A：小红说她很喜欢小狗，是吗？
   B：______________________________。（叶公好龙）
9. A：他好像已经换了三个女朋友了？
   B：______________________________。（朝三暮四）
10. A：这里的商品质量怎么样？
    B：______________________________。（滥竽充数）

# 参考答案

## 单元复习一

一、拔苗助长　守株待兔　画蛇添足　画龙点睛　自相矛盾
　　水中捞月　盲人摸象　亡羊补牢　叶公好龙　不由自主
　　洋洋得意　掩耳盗铃

二、1. 守株待兔　2. 水中捞月　3. 掩耳盗铃　4. 叶公好龙
　　5. 画蛇添足　6. 画龙点睛　7. 拔苗助长　8. 盲人摸象
　　9. 自相矛盾　10. 亡羊补牢

三、略

## 单元复习二

一、好好先生　塞翁失马　滥竽充数　破镜重圆　老马识途
　　南辕北辙　狐假虎威　杞人忧天　此地无银三百两
　　朝三暮四　自相矛盾　盲人摸象　画蛇添足　画龙点睛
　　拔苗助长　守株待兔　掩耳盗铃　叶公好龙　水中捞月
　　亡羊补牢

二、1. 好好先生　2. 塞翁失马　3. 滥竽充数　4. 破镜重圆
　　5. 老马识途　6. 南辕北辙　7. 狐假虎威　8. 杞人忧天
　　9. 此地无银三百两　10. 朝三暮四　11. 自相矛盾
　　12. 盲人摸象　13. 画蛇添足　14. 画龙点睛　15. 亡羊补牢

三、略

## 单元复习三

一、掩耳盗铃　画蛇添足　水中捞月　叶公好龙　自相矛盾
朝三暮四　塞翁失马　杞人忧天　狐假虎威　南辕北辙
滥竽充数　老马识途　破镜重圆　好好先生　以貌取人
爱屋及乌　邯郸学步　抱薪救火　胸有成竹　覆水难收
恍然大悟　乐不思蜀　杯弓蛇影　程门立雪
此地无银三百两

二、1. 滥竽充数　2. 以貌取人　3. 抱薪救火
4. 恍然大悟　5. 程门立雪　6. 此地无银三百两
7. 破镜重圆　8. 爱屋及乌　9. 胸有成竹
10. 乐不思蜀　11. 杞人忧天　12. 好好先生
13. 邯郸学步　14. 覆水难收　15. 杯弓蛇影

三、略

## 单元复习四

一、邯郸学步　恍然大悟　抱薪救火　以貌取人　三顾茅庐
负荆请罪　班门弄斧　名落孙山　爱屋及乌　胸有成竹
对牛弹琴　覆水难收　程门立雪　乐不思蜀　刻舟求剑
闻鸡起舞　杯弓蛇影　井底之蛙　囫囵吞枣　愚公移山

二、1. 杯弓蛇影　2. 愚公移山　3. 班门弄斧　4. 抱薪救火
5. 对牛弹琴　6. 乐不思蜀　7. 爱屋及乌　8. 覆水难收
9. 恍然大悟　10. 胸有成竹　11. 程门立雪　12. 负荆请罪
13. 名落孙山　14. 囫囵吞枣　15. 闻鸡起舞

三、略

## 总复习

一、1. 拨→拔　2. 侍→待　3. 晴→睛　4. 像→象

5. 赛→塞　6. 优→忧　7. 俩→两　8. 撤→辙

9. 芋→竽　10. 境→镜　11. 巫→屋　12. 新→薪

13. 履→覆　14. 箭→剑　15. 矛→茅　16. 茅→矛

17. 刑→荆　18. 力→立　19. 搬→班

二、1. 乐不思蜀——刘禅　2. 三顾茅庐——刘备、诸葛亮

3. 滥竽充数——齐宣王、南郭先生

4. 负荆请罪——廉颇、蔺相如　5. 胸有成竹——文同

6. 好好先生——司马徽　7. 画龙点睛——张僧繇

8. 闻鸡起舞——祖逖、刘琨　9. 班门弄斧——鲁班

三、1. √

2. ×（邯郸学步，比喻一味地模仿别人，不仅没学到本事，反而把原来的本事也丢了，含贬义）

3. ×（破镜重圆，比喻夫妻失散或决裂后重新团聚与和好，此处对象错误）

4. ×（三顾茅庐，比喻诚心诚意地邀请或拜访别人，此处使用场景有误）

5. √

四、1. B（恍然大悟，形容一下子明白过来，一般在句中作谓语、定语、状语。作谓语时，后不能带名词性宾语，此处句法功能使用有误）

2. D（南辕北辙，指行动和目的相反，选择了错误的方向导致离目标越来越远。而这里说的是两人方法不同，方向不一致，最终也能达成目标，意义理解有误）

3. B（画蛇添足，比喻多此一举，反而出错，多用于贬义。此句含褒义，感情色彩错误，应改为“画龙点睛”）

五、1. 掩：捂住 C 2. 亡：丢失 E 3. 好：喜欢 G

4. 朝：早上 暮：晚上 B 5. 假：借，利用 J

6. 及：连带 H 7. 薪：柴火 D 8. 忧：担心 L

9. 滥：不真实，假的 I 10. 覆：倒 M

11. 悟：心里明白 K 12. 顾：拜访 A

13. 负：背着 F

六、略